DIREITO CONSTITUCIONAL

(A JUSTIÇA CONSTITUCIONAL)

FERNANDO ALVES CORREIA

DIREITO CONSTITUCIONAL

(A JUSTIÇA CONSTITUCIONAL)

*Programa, Conteúdos e Métodos de Ensino
de um Curso de Mestrado*

> *Relatório* apresentado para a prestação de
> provas de agregação em Ciências Jurídico-
> -Políticas na Faculdade de Direito da
> Universidade de Coimbra

ALMEDINA

TÍTULO:	FERNANDO ALVES CORREIA
AUTOR:	DIREITO CONSTITUCIONAL (A JUSTIÇA CONSTITUCIONAL)
EDITOR:	LIVRARIA ALMEDINA – COIMBRA www.almedina.net
LIVRARIAS:	LIVRARIA ALMEDINA ARCO DE ALMEDINA, 15 TELEF. 239 851 900 FAX 239 851 901 3004-509 COIMBRA – PORTUGAL livraria@almedina.net LIVRARIA ALMEDINA – PORTO R. DE CEUTA, 79 TELEF. 22 205 9773 FAX 22 203 9497 4050-191 PORTO – PORTUGAL porto@almedina.net EDIÇÕES GLOBO, LDA. R. S. FILIPE NERY, 37-A (AO RATO) TELEF. 213857619 FAX 21 3844661 1250-225 LISBOA – PORTUGAL globo@almedina.net LIVRARIA ALMEDINA. ATRIUM SALDANHA LOJAS 71 a 74 PRAÇA DUQUE DE SALDANHA, 1 TELEF. 213712690 atrium@almedina.net LIVRARIA ALMEDINA – BRAGA CAMPUS DE GUALTAR UNIVERSIDADE DO MINHO TELEF. 253678822 4700-320 BRAGA – PORTUGAL braga@almedina.net
EXECUÇÃO GRÁFICA:	G.C. – GRÁFICA DE COIMBRA, LDA. PALHEIRA – ASSAFARGE 3001-453 COIMBRA E-mail: producao@graficadecoimbra.pt JUNHO, 2001
DEPÓSITO LEGAL:	167000/01

Toda a reprodução desta obra, por fotocópia ou outro qualquer processo, sem prévia autorização escrita do Editor, é ilícita e passível de procedimento judicial contra o infractor.

NOTA PRÉVIA

O trabalho que agora se publica é o Relatório apresentado, no dia 12 de Julho de 2001, para prestação de Provas de Agregação em Ciências Jurídico-Políticas na Faculdade de Direito da Universidade de Coimbra, as quais decorreram, na Cala dos Capelos, nos dias 28 e 29 de Maio de 2002.

No lapso de tempo decorrido desde a conclusão do Relatório até à sua defesa em provas públicas, ocorreram, como é natural, algumas importantes transformações nos domínios da Constituição e da Justiça Constitucional, tais como: a aprovação de uma Revisão Extraordinária da Constituição, através da Lei Constitucional n.º 1/2001, de 12 de Dezembro, a qual foi induzida pela aceitação da Jurisdição do Tribunal Penal Internacional (embora não se tenha circunscrito a este tema, tendo abrangido também aspectos respeitantes ao Português com língua oficial, à extradição, à entrada durante a noite no domicílio de qualquer pessoa sem o seu consentimento e à não admissão do direito à greve às associações sindicais das forças de segurança); o aparecimento de novas e relevantes espécies bibliográficas; e a continuação do labor interpretativo-concretizador, densificador e criador do Tribunal Constitucional, tendo sido publicados novos e importantes arestos sobre as mais variadas matérias (por exemplo, o Acórdão n.º 424/2001, publicado no *DR*, II Série, de 14 de Novembro de 2001, no qual aquele Tribunal conheceu da questão da *inconstitucionalidade por omissão* de medidas legislativas necessárias para tornar exequível o artigo 239.º, n.º 4, da Constituição – norma introduzida pela Lei de Revisão Constitucional n.º 1/97, de 20 de Setembro, relativa à apresentação de candidaturas a todos os órgãos autárquicos por grupos de cidadãos eleitores –, tendo decidido que uma tal omissão não se verificava por, entretanto, ter sido publicada a Lei Orgânica n.º 1/2001, de 14 de Agosto, que veio regular aquela matéria).

Apesar disso, decidimos dar à estampa o presente Relatório, na exacta versão em que ele foi apresentado para apreciação pelo Júri das nossas Provas de Agregação. Primeiro, porque as referidas transformações apenas tocam, muito ao de leve, escassas passagens do mesmo, não pondo, por isso, minimamente em causa o seu conteúdo. Segundo, porque a publicação do Relatório, sem quaisquer "retoques", constitui uma homenagem à "verdade histórica" que o mesmo encerra.

Coimbra, 31 de Maio de 2002

F. ALVES CORREIA

CAPÍTULO I
Introdução

1. Nos termos do artigo 12.º do Decreto-Lei n.º 263/80, de 7 de Agosto, a atribuição do título de professor agregado é regulada pelo Decreto n.º 301/72, de 14 de Agosto. Por sua vez, o artigo 24.º deste mesmo Decreto estabelece que "as provas para obtenção do título de agregado, bem como as condições de admissão às mesmas, são iguais às regulamentadas neste diploma para o concurso para professor extraordinário". E o artigo 9.º, n.º 1, alínea *a*), do mencionado Decreto n.º 301/72 determina que, após a admissão dos candidatos a concurso para professor extraordinário, deverão estes entregar "quinze exemplares, impressos ou policopiados, de um relatório, que inclua o programa, os conteúdos e os métodos do ensino teórico e prático das matérias da disciplina ou de uma das do grupo de disciplinas [...]".

Uma vez que fomos admitidos a concurso para professor agregado do grupo de disciplinas de Ciências Jurídico-Políticas da Faculdade de Direito da Universidade de Coimbra, cumpre-nos apresentar, agora, um *Relatório*, o qual tem por objecto o programa, os conteúdos e os métodos de ensino de um *Curso de Mestrado* sobre *Direito Constitucional*. Não o vamos, porém, fazer, sem previamente formular um reparo à apontada imposição legal.

No concurso para professor associado, apresentámos, de harmonia com o disposto no n.º 2 do artigo 44.º do Estatuto da Carreira Docente Universitária (aprovado pelo Decreto-Lei n.º 448/79, de 13 de Novembro, ratificado, com alterações, pela Lei n.º 19/80, de 16 de Julho), um *Relatório* sobre o programa, os conteúdos e os métodos de ensino teórico e prático da disciplina de *Direito Administrativo do 5.º Ano*, tendo nele incluído a exposição das linhas fundamentais do *Direito do Urbanismo português*. A exigência legal aos candidatos admitidos a concurso para professor agregado de apresentação de *outro Relatório* sobre o programa, os conteúdos e os métodos de ensino de *outra disciplina* parece-nos desprovida de sentido, na medida em que se traduz numa *repetição* (desnecessária) de um tipo de prova já apresentada numa outra etapa da longa e espinhosa escalada da carreira universitária [1].

Na nossa óptica, seria, certamente, mais lógico exigir aos candidatos a concurso para professor agregado a elaboração de umas *Lições*, onde fossem desenvolvidas as matérias constantes do programa da disciplina apresentado no *Relatório* do concurso para professor associado.

2. A escolha da cadeira de *Direito Constitucional do Curso de Mestrado* – que constitui uma das disciplinas obrigatórias do Curso de Mestrado em Ciências Jurídico-Políticas ministrado pela Faculdade de Direito da Universidade de Coimbra – para objecto do *Relatório* que se apresenta, *hic et nunc*, tem como causa próxima e decisiva a confiança que em nós vem sendo depositada, desde o ano lectivo de 1994-1995, pelo Conselho Científico da nossa Faculdade de regência daquela disciplina. Não se estranhará, por isso, que o programa, os conteúdos e os métodos de ensino da cadeira de *Direito Constitucional do Curso de Mestrado* sejam, acima de tudo, uma expressão da experiência adquirida, durante o arco temporal de seis anos, na leccionação da mencionada disciplina.

3. De acordo com os n.os 2 e 3 do artigo 1.º do *Regulamento do Curso de Mestrado*, aprovado pelo Senado da Universidade de Coimbra, em 13 de Julho de 1999, sob proposta do Conselho Científico da Faculdade de Direito, aprovada em 24 de Maio do mesmo ano, o grau de *Mestre em Direito*, concedido pela Universidade de Coimbra, através da Faculdade de Direito, "comprova nível aprofundado de conhecimentos num domínio científico e capacidade

---

[1] Idêntica crítica é feita por Fausto de Quadros, no seu trabalho *Direito Comunitário I, Programa, Conteúdos e Métodos do Ensino*, Coimbra, Almedina, 2000, p. 11 e 12.

para a prática de investigação", sendo conferido "após aprovação em curso especializado e elaboração e discussão de uma dissertação original".

As duas normas transcritas do *Regulamento do Curso de Mestrado* – de teor semelhante, respectivamente, ao conteúdo do n.º 1 e ao do n.º 2, alíneas *a*) e *b*), do artigo 5.º do Decreto-Lei n.º 216/92, de 13 de Outubro – espelham lapidarmente a *natureza específica* daquele curso. Tendo como destinatários normais os titulares de licenciatura em Direito, ou habilitação equivalente, com a classificação mínima de 14 valores, aquele curso não deve prosseguir um objectivo meramente *quantitativo*, traduzido num *alargamento* ou numa *extensão* dos conhecimentos dos alunos a matérias não leccionadas, por carência de tempo, no curso conducente à licenciatura, antes deve ser orientado para um fim essencialmente *qualitativo*, que se expresse num *aprofundamento*, em domínios científicos mais restritos e especializados, de conhecimentos adquiridos nos estudos de licenciatura e num *estímulo* da capacidade para a prática de investigação.

Tendo em conta a índole e os objectivos referidos do Curso de Mestrado, entendemos que o programa da disciplina de *Direito Constitucional* não deve incidir sobre um conjunto de matérias ou capítulos justapostos, ligados apenas pelo nexo da sua pertinência àquele sector ou fracção do direito público, antes deve versar um *tema específico*, que possibilite aos mestrandos o *aprofundamento* e a *especialização* de conhecimentos num determinado domínio científico, que os incentive a pensar criticamente o direito e que desperte neles o gosto e o entusiasmo pela prática da investigação.

4. Adquirida a conclusão de que o modo mais adequado de preencher o programa de *Direito Constitucional do Curso de Mestrado* é o tratamento de *um tema* ou de um *capítulo* específico pertencente àquela disciplina, surge-nos o problema da eleição de um deles, de entre um vasto número de candidatos positivos. Na verdade, qualquer *tema* de Direito Constitucional, desde que versado de modo aprofundado, especializado e minucioso, é suficientemente

nobre para integrar a galeria dos programas dos Cursos de Mestrado que incidam sobre aquela área específica do direito público.

No ano lectivo de 1994-1995 – o primeiro ano em que regemos o *Curso de Mestrado de Direito Constitucional* –, optámos pelo tema da *Justiça Constitucional*. Dado que exercíamos, na altura (desde 30 de Outubro de 1989), as funções de Juiz do Tribunal Constitucional, entendemos que estávamos numa posição privilegiada para leccionar aquela temática nuclear do Direito Constitucional, graças à dupla qualidade de actor e de observador da justiça constitucional, em geral, e do Tribunal Constitucional, em particular. E, nos anos lectivos posteriores, permanecemos fiéis ao aludido tema, mesmo após termos cessado (em 16 de Março de 1998) as funções de Juiz do Tribunal Constitucional.

Não foram, no entanto, apenas a experiência e a preferência pessoais (sem dúvida, legítimas e insindicáveis) que estiveram na base da opção por aquele *tema* como programa do Curso de Mestrado. No mesmo sentido, militaram razões ligadas ao profundo significado da *justiça constitucional* não só no âmbito restrito do Direito Constitucional, mas também no domínio mais geral de todo o ordenamento jurídico.

Uma matéria tão vasta e tão complexa como a da *justiça constitucional* pode ser analisada, num Curso de Mestrado, sob diferentes perspectivas e com focagens mais intensas de certos pontos específicos. Também nós visualizamos aquela problemática sob um ângulo ou ponto de vista muito particular, fortemente influenciado pelas funções que exercemos, durante um período bastante longo, de juiz constitucional. Um tal ponto de vista caracteriza-se por uma abordagem da problemática da *justiça constitucional* que englobe o estudo do conjunto dos órgãos, processos e técnicas de fiscalização da observância das regras e princípios constitucionais vigentes, isto é, de garantia da supremacia da Constituição[2], e, bem assim, a aná-

---

[2] Cfr. J. J. Gomes Canotilho, *Direito Constitucional e Teoria da Constituição*, 3ª ed., Coimbra, Almedina, 1999, p. 828; e P. Gaïa [*et al.*], *Droit Constitutionnel*, coord. L. Favoreu, 2ª ed., Paris, Dalloz, 1999, p. 211.

lise de um acervo alargado de acórdãos do Tribunal Constitucional, que atestam as funções interpretativo-concretizadora, densificadora e conformadora das regras e princípios paramétricos da Constituição exercidas pelo nosso órgão supremo da justiça constitucional[3].

5. Vale a pena, nestas breves linhas introdutórias do presente *Relatório*, referir alguns *tópicos* reveladores do sentido e valor da *justiça constitucional*, na dupla dimensão acima assinalada, no constitucionalismo contemporâneo. Servem eles também para realçar a enorme importância que aquele tema pode ter para os juristas que, através da frequência do Curso de Mestrado em Ciências Jurídico--Políticas da Faculdade de Direito da Universidade de Coimbra, procuram aprofundar os seus conhecimentos na área da ciência do Direito Constitucional e dar os primeiros passos na árdua, mas aliciante tarefa da investigação jurídica.

5.1. Segundo J. Rawls, "a justiça é a virtude primeira das instituições sociais, tal como a verdade o é para os sistemas de pensamento. Uma teoria, por mais elegante ou parcimoniosa que seja, deve ser rejeitada ou alterada se não for verdadeira; da mesma forma, as leis e as instituições, não obstante o serem eficazes e bem concebidas, devem ser reformadas ou abolidas se forem injustas"[4]. Estas palavras do eminente pensador americano caracterizam bem a *justiça constitucional*, enquanto expressão máxima da garantia da observância das regras e princípios constitucionais pelas leis e demais actos normativos do poder público, em suma como garantia do respeito da ordem de valores condensada na Lei Fundamental do Estado. Por isso, o nosso Tribunal Constitucional, definido, no artigo 221.º da Constituição, como "o tribunal ao qual compete especificamente

---

[3] Cfr. J. J. Gomes Canotilho, *Para uma Teoria Pluralística da Jurisdição Constitucional no Estado Constitucional Democrático Português*, in «Revista do Ministério Público», Ano 9.º, N.ºs 33 e 34 (1988), p. 14 e 15; e G. Zagrebelsky, *La Giurisdizione Costituzionale*, in «Manuale di Diritto Publico», Vol. II, a cura di G. Amato/ A. Barbera, 5.º ed., Bologna, Il Mulino, 1997, p. 474.

[4] Cfr. *Uma Teoria da Justiça*, trad. port., Lisboa, Presença, 1993, p. 27.

administrar a justiça em matérias de natureza jurídico-constitucional", *impede* que venham a fazer parte do ordenamento jurídico (no caso de fiscalização preventiva da constitucionalidade) ou *elimina* do mesmo ordenamento (na hipótese de fiscalização abstracta sucessiva) as normas jurídicas maculadas por uma forma particular de "injustiça", que é a da sua contradição com as regras ou princípios constitucionais.

Subjacentes à ideia de justiça constitucional estão três princípios essenciais do constitucionalismo contemporâneo (e também do nosso constitucionalismo). O primeiro é a concepção *normativa* da Constituição e o seu entendimento como *lei suprema* do Estado, como *norma das normas* (*norma normarum*), como estalão normativo superior de um ordenamento jurídico. O segundo – intimamente ligado ao primeiro – é a elevação da Constituição a *parâmetro de validade* de todos os actos do poder público. Isto mesmo está consagrado no artigo 3.º, n.ºs 2 e 3, da Constituição portuguesa, onde se determina que "o Estado subordina-se à Constituição" e que "a validade das leis e dos demais actos do Estado, das regiões autónomas, do poder local e de quaisquer outras entidades públicas depende da sua conformidade com a Constituição", bem como no artigo 277.º, n.º 1, também da Constituição, onde se estatui que "são inconstitucionais as normas que infrinjam o disposto na Constituição ou os princípios nela consignados"[5]. O terceiro é o de que a garantia da Constituição deve ser essencialmente uma *garantia judicial*, devendo a tarefa de "guarda da Constituição" (*Hüter der Verfassung*), de acordo com a sugestão de H. Kelsen, ser efectivamente confiada a um tribunal próprio e específico, situado fora da ordem ou das ordens judiciárias comuns, e integrado por juízes, não designados ordinariamente de

---

[5] Cfr. as nossas obras *A Justiça Constitucional em Portugal e em Espanha. Encontros e Divergências*, in «Revista de Legislação e Jurisprudência», Ano 131.º, N.º 3891, p. 162 e 163, e *A Fiscalização da Constitucionalidade das Normas do Ordenamento Jurídico de Macau À Luz da Recente Jurisprudência do Tribunal Constitucional*, in «Boletim da Faculdade de Direito da Universidade de Coimbra», Vol. 73 (1997), p. 61; e J.J. Gomes Canotilho, *Direito Constitucional*, cit., p. 825-827.

entre os membros do corpo de magistrados de carreira, mas objecto de um processo de escolha especial, com participação preponderante de um órgão político (*in casu*, a Assembleia da República), e assim recebendo uma qualificada legitimação [6] (ainda que os diferentes tribunais não sejam de todo afastados da realização da justiça constitucional, já que lhes é reconhecida uma competência de *judicial review* ou de controlo *desconcentrado* ou *difuso*, baseado no seu poder-dever de não aplicar, nas questões submetidas ao seu julgamento, normas contrárias à Constituição).

A justiça constitucional, em geral, e o Tribunal Constitucional, em particular, desempenham, assim, uma função essencial do constitucionalismo, que é a de sujeitar a acção dos poderes públicos a regras jurídicas positivas, garantindo a supremacia da Constituição na dinâmica política [7].

5.2. À justiça constitucional – cuja generalizada instituição, na segunda metade do século XX, nos países democráticos europeus, significou, nas palavras de H. Simon, "um passo tão revolucionário como a transição do absolutismo ao constitucionalismo" [8] – cabe uma importante tarefa de *concretização* e *desenvolvimento* do direito constitucional [9], contribuindo decisivamente para o enriquecimento e o aprofundamento da sua dogmática. Problemas como, por exemplo, os da interpretação da Constituição [10], da eficácia das normas

---

[6] Cfr. J. M. Cardoso da Costa, *Algumas Reflexões Em Torno da Justiça Constitucional*, in «Studia Juridica 41, Colloquia-3, Boletim da Faculdade de Direito», Coimbra, Coimbra Editora, 1998, p. 117; e P. Pernthaler, *Allgemeine Staatslehre und Verfassungslehre*, 2. Aufl., Wien/New Iork, Springer, 1996, p. 240 e 241.

[7] Cfr. G. Zagrebelsky, ob. cit., p. 473.

[8] Cfr. *Verfassungsgerichtsbarkeit*, in Benda/Maihofer/Vogel/Hesse/Heyde, *Handbuch des Verfassungsrechts der Bundesrepublik Deutschland*, 2. Aufl., Berlin/New Iork, W. de Gruyter, 1994, p. 1639.

[9] Cfr. J. J. Gomes Canotilho, *Direito Constitucional*, cit., p. 827, e J. M. Cardoso da Costa, ob. cit., p. 119 e 120.

[10] Sobre a problemática da *interpretação constitucional*, cfr., por todos, Jorge Miranda, *Manual de Direito Constitucional*, Tomo II, 4ª ed., Coimbra,

Coimbra Editora, 2000, p. 256-270, e J. J. Gomes Canotilho, *Direito Constitucional*, cit., p. 1121 e segs. Cristina Queiroz salienta que a questão essencial da interpretação constitucional consiste em "explicar como as normas criadas pelo poder constituinte se transformam em *direito judicial concretizado* pela intervenção dos tribunais de justiça constitucional" (cfr. *Interpretação Constitucional e Poder Judicial – Sobre a Epistemologia da Construção Constitucional*, Coimbra, Coimbra Editora, 2000, p. 9).

Os contributos da doutrina alemã no domínio da metódica da interpretação constitucional têm sido inestimáveis. As mais importantes posições metódicas sobre a interpretação constitucional fornecidas pela doutrina são as seguintes: o *método hermenêutico-clássico*, desenvolvido por Forsthoff, nos termos do qual a Constituição deve ser interpretada com base nos mesmos métodos de uma lei; o *método tópico-orientado para a resolução de problemas*, defendido, com diferentes cambiantes, por Scheuner, Ehmke, Kriele e Häberle, que se alicerça na tópica e no pensamento problemático como genuíno método da interpretação constitucional; o *método da interpretação constitucional orientado para as ciências da realidade*, proposto por Smend, segundo o qual é o sentido e a realidade da Constituição, não o teor literal e a abstracção dogmática, que constituem o fundamento e o critério da sua interpretação; e o *método de interpretação hermenêutico-concretizador*, propugnado, com matizes deferenciadas, por K. Hesse e F. Müller, que, sem questionar, em princípio, a abertura da interpretação proclamada pelo tópica e pelo pensamento problemático, recupera a vinculação à norma e a racionalidade controlável da interpretação (que tinham sido abandonados pelo método tópico-orientado para o problema) e coloca o acento tónico da interpretação constitucional no conceito de "concretização" e na questão dos elementos da "concretização". Para uma análise e crítica destes métodos da interpretação constitucional, cfr. E.-W. Böckenförde, *Die Methoden der Verfassungsinterpretation-Bestandsaufnahme und Kritik*, in «Neue Juristische Wochenschrift», 46 (1976), p. 2089-2099. Sobre a posição metódica da interpretação constitucional de K. Hesse, segundo a qual *"Verfassungsinterpretation ist Konkretisierung"*, cfr. *Grundzüge des Verfassungsrechts der Bundesrepublik Deutschland,* 16. Aufl., Heidelberg, Müller, 1988, p. 24-29. Para uma síntese da teoria da interpretação da Constituição na doutrina norte-americana, cfr. A. Barak, *Hermeneutics and Constitutional Interpretation*, in «Constitutionalism, Identity, Difference and Legitimacy (Theoretical Perspectives)», Durham/London, Duke University Press, 1994, p. 253-260. Segundo este autor, a interpretação constitucional é "different from statutory, as well as other legal interpretation", devido ao "special character of the constitutional text", cujos objectivos são "to provide a solid foundation for national existence", "to embody the basic aspirations of the people", "to guide

constitucionais, do sentido dos princípios expressos e implícitos da Constituição e do conteúdo e alcance dos direitos fundamentais[11] vêm beneficiando de um notável impulso das decisões dos órgãos da justiça constitucional, em particular dos tribunais constitucionais.

A ciência do direito constitucional é, assim, fortemente influenciada pela justiça constitucional. Mas também a própria Constituição sofre um grande impacto da justiça constitucional. Um tal impacto verifica-se essencialmente por duas vias.

A primeira é a do efeito "conformador" das próprias normas constitucionais, decorrente da actividade interpretativo-concretizadora das normas da Constituição exercida pela justiça constitucional – o que leva alguns autores a falar do carácter "aporético" da jurisdição constitucional, traduzido, por um lado, na sujeição do Tribunal Constitucional a regras e princípios positivamente plasmados na Constituição e, por outro lado, na "conformação" das normas constitucionais através da actividade interpretativo-concretizadora das mesmas normas por parte daquele Tribunal[12]. Como sublinha G.

---

future generations by its basic choices" e "to control majorities and protect individual dignity and liberty" (cfr. ob. cit., p. 258).

[11] A importância da jurisdição constitucional para a elaboração de uma *teoria estrutural dos direitos fundamentais* (*Strukturtheorie der Grundrechte*) – a qual constitui a primeira peça de uma *teoria integrativa* dos direitos fundamentais – é vincada por R. Alexy, ao referir que o seu material mais importante é jurisprudência do Tribunal Constitucional alemão. Tal teoria apresenta, segundo aquele constitucionalista, um carácter empírico-analítico, porque investiga estruturas como a dos conceitos dos direitos fundamentais, a da influência dos direitos fundamentais no sistema jurídico e a da justificação dos direitos fundamentais, tomando em consideração as tarefas práticas de uma teoria integrativa, e, bem assim, um carácter normativo-analítico, na medida em que é orientada pela pergunta acerca da decisão correcta na perspectiva dos direitos fundamentais e da fundamentação racional dos mesmos direitos. Cfr. *Theorie der Grundrechte*, 2. Aufl., Frankfurt am Main, Suhrkamp, 1994, p. 32.

[12] Cfr. J.J. Gomes Canotilho, *Para uma Teoria*, cit., p. 14 e 15. Para uma síntese das causas da interpretação criadora exercida pelas jurisdições constitucionais, cfr. J. Acosta Sánchez, *Formación de la Constitución y Jurisdicción Constitucional (Fundamentos de la Democracia Constitucional)*, Madrid, Tecnos, 1998, p. 376-378.

Zagrebelsky, o Tribunal Constitucional desempenha uma função *concretizadora* da Constituição, tendo um "papel importante no desenvolvimento daquilo que a Constituição é historicamente"[13]. Esta função interpretativo-concretizadora das normas da Constituição – na qual, como assinala a jurisprudência norte-americana, assumem um papel determinante os conceitos de *senso comum* (*common sense*) e de *razoável discernimento* (*reasonable judgement*)[14] – reveste-se de uma importância tal que "a Constituição é o que os juízes (constitucionais) dizem que ela é"[15], ou, como prefere dizer J. Rawls, "o que o povo, ao agir constitucionalmente através dos outros poderes, acaba por permitir que a *Supreme Court* diga que ela é"[16].

A segunda é a da contribuição da justiça constitucional para as *modificações da Constituição*, quer as que resultam da *interpretação evolutiva* da Constituição exercida pela jurisdição constitucional – que está na base daquilo que a doutrina apelida de "revisão silenciosa" da Lei Fundamental –, quer as decorrentes da *revisão formal* da Constituição (revisão em sentido próprio), isto é, como salienta Jorge Miranda, da sua modificação expressa, parcial[17], de

---

[13] Cfr. ob. cit., p. 474.

[14] Cfr. Segundo V. Linares Quintana, *Tratado de Interpretación Constitucional*, Buenos Aires, Abeledo – Perrot, 1998, p. 35-37.

[15] Trata-se da célebre frase de Hughes, *Chief Justice of the Supreme Court*, segundo a qual "*we are under a Constitution, but the Constitution is what the judges say it is*". Cfr. a citação em E. S. Corwin's, *The Constitution and What It Means Today*, 14.ª ed., rev. por Harold W. Chase / Craig R. Ducat, Princeton, Princeton University Press, 1978, p. XIII.

[16] Cfr. *Liberalismo Político*, trad. port., Lisboa, Presença, 1996, p. 231.

[17] A revisão da Constituição – que consiste na renovação de certas disposições, através da *supressão*, *substituição* ou *aditamento* de normas – traduz-se sempre em *alterações parciais* da Constituição. São, no entanto, concebíveis *revisões totais* da Constituição – as quais se cifram na substituição do texto da Constituição por um outro completamente novo –, estando tal possibilidade expressamente prevista em algumas Constituições, como as da Suíça, Áustria e Espanha. Todavia, nos ordenamentos jurídico-constitucionais em que não está expressamente prevista aquela possibilidade, entende-se que a *revisão total* é um *limite* da revisão parcial. Para mais desenvolvimentos sobre a diferença entre *revisão total* e *revisão parcial* da Constituição, cfr. J. J. Gomes Canotilho, *Direito*

alcance geral e abstracto e, por natureza, a que traduz mais imediatamente um princípio de continuidade institucional [18]. A revisão constitucional é, assim, a modificação da Constituição com um objectivo de auto-regeneração e de auto-conservação, ou seja, de eliminação das normas que perderam justificação sob o ponto de vista político, social ou jurídico, de introdução de elementos novos que a revitalizam ou, ainda, por vezes, de consagração no texto constitucional de normas preexistentes, designadamente do direito ordinário [19].

Ora, se é verdade que muitas revisões constitucionais são inspiradas e motivadas por factores políticos, económicos e sociais, também é certo que a justiça constitucional induz frequentemente processos de revisão da Constituição [20]. Poderá mesmo dizer-se que a história das revisões da Constituição é também, em boa parte, a história das relações entre o juiz constitucional e o legislador. Com efeito, muitas das modificações operadas no texto constitucional, através do processo da sua revisão, têm como finalidade confirmar ou infirmar as decisões jurisprudenciais do órgão supremo de controlo da constitucionalidade das normas jurídicas, em especial das leis. Outras vezes, o Tribunal Constitucional põe a descoberto, nos seus arestos, defeitos e imperfeições que caracterizam a redacção da Constituição, os quais são, posteriormente, corrigidos pelo legis-

---

Constitucional, cit., p. 1000; Jorge Miranda, *Manual de Direito Constitucional*, Tomo II, cit., p. 137; e A. Cervati, *La Revisione Costituzionale*, in «Garanzie Costituzionali e Diritti Fondamentali», a cura di L. Lanfranchi, Roma, Istituto della Enciclopedia Italiana, 1997, p. 119-128.

[18] Cfr. *Manual de Direito Constitucional*, Tomo II, cit., p. 136, e *Revisão Constitucional*, in «Dicionário Jurídico da Administração Pública», 2.º Suplemento, Lisboa, 2001, p. 502-536.

[19] Cfr., sobre este ponto, Jorge Miranda/L. Nunes de Almeida/A. Ribeiro Mendes, *Révision de la Constitution et Justice Constitutionnelle*, in «Annuaire International de Justice Constitutionnelle», X (1994), Paris, Economica, 1995, p. 196 e 197.

[20] Cfr. F. Delpérée/A. Rasson/M. Verdussen, *Révision de la Constitution et Justice Constitutionnelle*, in «Annuaire International de Justice Constitutionnelle», cit., p. 34.

lador constituinte. Foi tudo isso que sucedeu, entre nós, nas Revisões Constitucionais de 1982, 1989 e 1997[21].

[21] Para uma análise da influência das decisões da Comissão Constitucional e do Tribunal Constitucional nas Revisões Constitucionais de 1982 e 1989, cfr. Jorge Miranda/L. Nunes de Almeida/A. Ribeiro Mendes, ob. cit., p. 182-191.
Também a Revisão de 1997 apresenta marcas bem visíveis da jurisprudência do Tribunal Constitucional. Foi o que aconteceu, a título meramente exemplificativo, com o n.º 4 do artigo 20.º, que reconhece a todos os cidadãos o "direito a que uma causa em que intervenham seja objecto de decisão em prazo razoável e mediante processo equitativo", o qual consagra duas vertentes, salientadas em vários acórdãos do Tribunal Constitucional, do "direito de acesso aos tribunais" (cfr., por exemplo, os Acórdãos n.ºs 163/90 e 444/91, publicados no DR, II Série, de 18 de Outubro de 1991 e de 2 de Abril de 1992, respectivamente); a alínea *g*) do n.º 3 do artigo 27.º, que possibilita a "detenção de suspeitos, para efeitos de identificação, nos casos e pelo tempo estritamente necessários", o qual se baseou na jurisprudência do Tribunal Constitucional sobre a "obrigatoriedade do porte de documento de identificação" (cfr. o Acórdão n.º 479/94, publicado no *DR*, I Série-A, de 24 de Agosto de 1994); o artigo 33.º, n.º 5, relativo à extradição por crimes a que corresponda, segundo o direito do Estado requisitante, pena ou medida de segurança privativa ou restritiva da liberdade com carácter perpétuo ou de duração indefinida, o qual foi inspirado pela jurisprudência respeitante a esta matéria, constante do Acórdão do Tribunal Constitucional n.º 474/95, publicado no DR, II Série, de 17 de Novembro de 1995; o artigo 165.º, n.º 1, alínea *i*), que inclui na reserva relativa de competência legislativa da Assembleia da República o "regime geral das taxas e demais contribuições financeiras a favor das entidades públicas", o qual consagrou a solução, respeitante às contribuições das entidades empregadoras para o regime geral da Segurança Social, constante do Acórdão n.º 1203/96 (publicado no DR, II Série, de 24 de Janeiro de 1997); o artigo 228.º, que enumera, exemplificativamente, as matérias de *interesse específico* das regiões autónomas, procurando infirmar a jurisprudência, considerada restritiva, do Tribunal Constitucional sobre as matérias de interesse específico susceptíveis de ser objecto de decretos legislativos regionais (cfr., por exemplo, os Acórdãos n.ºs 42/85, 92/92, 328/92 e 235/94, o primeiro publicado no DR, I Série, de 6 de Abril de 1985, e os restantes no DR, I Série-A, de 14 de Abril de 1992, de 21 de Julho de 1992 e de 2 de Maio de 1994, respectivamente); e o artigo 240.º, n.º 1, sobre as matérias susceptíveis de submissão a referendo local, que, alterando o n.º 3 do artigo 241.º da versão decorrente da Revisão de 1989, procurou contrariar o sentido da jurisprudência do Tribunal Constitucional (cfr., por exemplo, os Acórdãos n.ºs 238/91, 242/91 e 498/94, publicados no DR, II Série, 11 de Janeiro de 1992, de 13 de Janeiro de 1992 e de 23 de Novembro de 1994, respectivamente).

Assiste-se, deste modo, na generalidade dos países, a influências recíprocas entre o legislador constituinte e a justiça constitucional, mostrando-se aquele particularmente atento não só às decisões do Tribunal Constitucional, mas também aos princípios doutrinários que emanam da sua fundamentação e, inclusive, dos seus *obiter dicta*.

5.3. Um outro domínio onde se manifesta impressivamente a importância da justiça constitucional é o da sua repercussão no direito ordinário, em particular no âmbito das normas jurídicas plasmadas em actos legislativos. A jurisdição constitucional tem também, ao nível do direito infra-constitucional, uma função *criadora*[22], desencadeando a sua profunda *mudança* e *transformação* e contribuindo decisivamente para a sua *modernização*.

A índole *criadora* da jurisdição constitucional, no campo do direito ordinário, exprime-se fundamentalmente em três níveis. O primeiro é o dos próprios efeitos das decisões que declaram, com eficácia *erga omnes*, a inconstitucionalidade de normas legais – decisões que não podem deixar de ser consideradas como *criadoras* de direito, na medida em que eliminam do ordenamento jurídico normas legais desconformes com a Lei Fundamental[23].

---

[22] A função *criadora* da jurisdição constitucional não pode desligar-se da actividade juridicamente criadora da jurisdição em geral, que é, segundo A. Castanheira Neves, "uma situação evolutiva que nas sociedades modernas terá de ver-se como irreversível". Uma tal actividade deve ser exercida não segundo o modelo do *normativismo legalista* ou do *funcionalismo jurídico*, mas de acordo com o modelo do *jurisprudencialismo*, assente na "autonomia de uma validade normativa material que numa prática problemática e judicanda se realiza, e se orienta por uma perspectiva polarizada no homem-pessoa, que é o sujeito dessa prática" – modelo esse que significará, nas palavras do mesmo autor, "a reafirmação ou mesmo a recuperação do sentido da prática jurídica como *iurisprudentia*: *axiológico-normativa* nos fundamentos, *prático-normativa* na intencionalidade, *judicativa* no *modus* metodológico". Cfr. *Entre o «Legislador», a «Sociedade» e o «Juiz» ou entre «Sistema», «Função» e «Problema» – Os Modelos Actualmente Alternativos da Realização Jurisdicional do Direito*, in «Boletim da Faculdade de Direito da Universidade de Coimbra», Vol. 74 (1998), p. 1-44, em especial, p. 10 e 32.

[23] Cfr., neste sentido, F. Rubio Llorente, *La Forma del Poder* (*Estudios sobre la Constitución*), Madrid, Centro de Estudios Constitucionales, 1993, p. 497 e segs.

O segundo é o da influência das decisões positivas de inconstitucionalidade nas reformas legislativas que estabelecem a harmonia das normas legais censuradas com as regras e princípios que serviram de padrão do juízo de inconstitucionalidade. Essas reformas – normalmente inspiradas nos princípios decantados da fundamentação dos acórdãos do Tribunal Constitucional – traduzem-se, na generalidade dos casos, num aperfeiçoamento e numa modernização dos institutos e dos princípios fundamentais dos vários sectores ou fracções do direito infra-constitucional. Os exemplos que podiam ser aqui fornecidos são múltiplos. Pense-se, só para mencionarmos dois bem recentes, no reforço das garantias do arguido em processo penal [24] e nas alterações no direito de família, designadamente em matéria de investigação da paternidade [25].

O terceiro nível da função *criadora* da justiça constitucional, no âmbito do direito ordinário, manifesta-se nas *técnicas* ou *tipos de decisão* que escapam ao padrão de um puro e simples juízo de inconstitucionalidade ou não inconstitucionalidade, designadamente nas denominadas *decisões interpretativas*, que conduzem frequentemente a uma *interpretação conforme à Constituição*, nas *decisões de*

---

[24] Veja-se, por exemplo, a nova redacção do artigo 40.º do Código de Processo Penal de 1987, introduzida pela Lei n.º 59/98, de 25 de Agosto, relativamente ao impedimento de intervenção no julgamento do juiz que tiver aplicado e posteriormente mantido a prisão preventiva do arguido, que foi decisivamente influenciada pelo Acórdão do Tribunal Constitucional n.º 935/96 (publicado no DR, II Série, de 11 de Dezembro de 1996), que julgou, em processo de fiscalização concreta, a inconstitucionalidade daquela norma, na parte em que permitia a referida intervenção, bem como pelo Acórdão n.º 186/98 (publicado no DR, I Série-A, de 26 de Março de 1998), que repetiu a doutrina expendida naquele primeiro aresto, e declarou a inconstitucionalidade, com força obrigatória geral, da mesma norma, na dimensão referida.

[25] Veja-se, por exemplo, o Acórdão do Tribunal Constitucional n.º 370/91 (publicado no *DR*, II Série, de 2 de Abril de 1992), que incidiu sobre a questão da constitucionalidade da norma do artigo 1873.º, com referência ao n.º 4 do artigo 1817.º, ambos do Código Civil (prazo de caducidade das acções de investigação da paternidade, com fundamento no tratamento como filho pelo pretenso pai), que inspirou as alterações introduzidas nos n.ºs 4 e 5 do artigo 1817.º do Código Civil pela Lei n.º 21/98, de 12 de Maio.

inconstitucionalidade parcial, nas *decisões construtivas*, nas *decisões integrativas* e nas *decisões substitutivas*[26]. A estas e outras *técnicas* ou *tipos de decisão* haveremos de voltar um pouco mais adiante, a propósito da análise das relações entre os órgãos de justiça constitucional e o poder legislativo e do problema da *tensão* entre a legitimidade, jurídico-constitucionalmente fundada, do poder dos tribunais constitucionais de controlo da constitucionalidade das leis e a liberdade constitutiva do legislador, também ela constitucionalmente garantida e democraticamente legitimada. Por agora, apenas importa adiantar que todas aquelas "técnicas decisórias" se traduzem numa mais ou menos intensa "reelaboração" pelo Tribunal Constitucional do sentido e alcance da norma analisada *sub specie constitutionis*.

5.4. O enorme relevo da justiça constitucional, nos nossos dias, fica igualmente patente com um rápido olhar sobre os seus grandes objectivos. Estes são, em geral, a garantia da observância dos equilíbrios constitucionais entre os diferentes poderes do Estado (censurando os desvios ao princípio da "separação de poderes") e da repartição de competências entre o "Centro" e as "Regiões" (no caso português, entre o Estado, as regiões autónomas e as autarquias locais) – impedindo, desse modo, o "desequilíbrio" do sistema político –, o controlo do respeito pelo poder legislativo das regras e princípios constitucionais, a resolução dos conflitos entre a maioria governamental e a oposição, isto é, as minorias, e a protecção dos direitos fundamentais[27].

Esta última função da justiça constitucional vem sendo destacada pela doutrina, que a considera como um dos seus eixos funda-

---

[26] Para uma caracterização de cada um destes tipos de decisões, cfr. o nosso *Relatório Geral*, in «I Conferência da Justiça Constitucional da Ibero-América, Portugal e Espanha (Os Órgãos de Fiscalização da Constitucionalidade: Funções, Competências, Organização e Papel no Sistema Constitucional Perante os Demais Poderes do Estado)», Lisboa, Tribunal Constitucional, 1997, p. 90-94; F. Rubio Llorente, ob. cit., p. 515-523; T. Martines, *Diritto Costituzionale*, 9ª ed., Milano, Giuffrè, 1997, p. 633-641; e J. M. Cardoso da Costa, ob. cit., p. 122 e 123.

[27] Cfr. a nossa obra *A Justiça Constitucional em Portugal e em Espanha*, cit., in «Revista de Legislação e Jurisprudência», Ano 131.º, N.º 3893, p. 240.

mentais (a par da garantia da observância do princípio da separação de poderes, nas suas múltiplas e diversificadas manifestações), em termos de se poder afirmar que ela é, hoje, a vertente preponderante, sob os pontos de vista qualitativo e quantitativo, da jurisdição constitucional, apresentando-se esta, em larga medida, como uma "jurisdição dos direitos fundamentais"[28]. Graças à justiça constitucional, os direitos fundamentais (entendidos estes, como salienta K. Hesse, como direitos subjectivos e como princípios objectivos da ordem constitucional) impregnam não só a vida pública, mas também o conjunto da vida jurídica[29].

A garantia do respeito dos direitos fundamentais como dimensão essencial da justiça constitucional, em particular do Tribunal Constitucional, assume um especial relevo nos ordenamentos jurídico--constitucionais que conhecem instrumentos processuais específicos de protecção dos direitos fundamentais, como o espanhol e o alemão, que consagram, respectivamente, as figuras do "recurso de amparo"[30]

---

[28] Cfr., por todos, J. M. Cardoso da Costa, *Protection des Droits Fondamentaux et Garantie de la Séparation des Pouvoirs dans la Juridiction Constitutionnelle Portugaise*, in « Mélanges Patrice Gélard (Droit Constitutionnel)», Paris, Montchestien, 1999, p. 265-271, e *Algumas Reflexões*, cit., p. 123-125.

Sob o ponto de vista quantitativo, é enorme a desproporção que se verifica entre o recurso à jurisdição constitucional como *forma de tutela de direitos* e o recurso à mesma jurisdição *para outros fins*. Por exemplo, em Espanha, nos últimos anos, cerca de 98% dos processos entrados no Tribunal Constitucional espanhol foram "recursos de amparo", e, em Portugal, das decisões proferidas pelo Tribunal Constitucional, nos anos de 1993 a 1996, cerca de 90% disseram respeito a recursos concretos de constitucionalidade. Cfr. a nossa obra *A Justiça Constitucional em Portugal e em Espanha*, cit., in «Revista de Legislação e Jurisprudência», Ano 131.º, N.º 3893, p. 240, nota 64, e a bibliografia aí citada.

[29] Cfr. *Bedeutung der Grundrechte*, in Benda/Maihofer/Vogel/Hesse/Heyde, *Handbuch des Verfassungsrechts der Bundesrepublik Deutschland*, cit., p. 136, 137 e 158.

[30] Sobre as características essenciais do "recurso de amparo" no ordenamento jurídico-constitucional espanhol, cfr., por todos, o nosso *Relatório Geral*, cit., p. 101-110, e a nossa obra *A Justiça Constitucional em Portugal e em Espanha*, cit., in «Revista de Legislação e Jurisprudência», Ano 131.º, N.º 3893, p. 236 e 237, notas n.os 53 e 54, e a bibliografia aí citada.

e da "queixa constitucional" (*Verfassungsbeschwerde*)[31]. Mas também noutros ordenamentos, como o nosso, em que não existem instrumentos específicos de protecção jurisdicional dos direitos fundamentais, da competência do Tribunal Constitucional, este desempenha uma importante função de defesa dos direitos fundamentais. Através do controlo abstracto, mas sobretudo através do recurso concreto de constitucionalidade de normas jurídicas – recurso este que tem, frequentes vezes, como objecto a questão da constitucionalidade da norma, *tal como foi interpretada* pela decisão recorrida ou na *dimensão interpretativa* constante da decisão jurisdicional impugnada –, aquele órgão jurisdicional tem oportunidade de aplicar as regras e princípios constitucionais relativos aos direitos fundamentais, assegurando, pela via da negação da eficácia às normas infra-constitucionais que contrariem os mesmos, o seu respeito e a sua efectivação[32].

---

[31] Cfr. E. Benda/E. Klein, *Lehrbuch des Verfassungsprozessrechts*, Heidelberg, Müller, 1991, p. 129 e segs.; K. Hesse, ob. cit., p. 158 e 159; e H. Simon, ob. cit., p. 1649 e 1650.

[32] Nesta linha, tivemos oportunidade de defender que os inconvenientes resultantes da introdução, em Portugal, do "recurso de amparo" ou de uma figura similar suplantariam claramente as pequenas vantagens que daí adviriam. Segundo pensamos, são essencialmente quatro as objecções à introdução, no nosso ordenamento constitucional, daquele *instrumento processual específico* de protecção dos direitos fundamentais.

Em primeiro lugar, a *dificuldade de harmonização* deste instituto com o sistema português de fiscalização da constitucionalidade de normas jurídicas, no qual o *recurso concreto de constitucionalidade*, sobretudo quando tem como base a suscitação pela parte, *durante o processo*, da norma jurídica aplicável ao caso, desempenha um papel determinante na protecção dos direitos fundamentais dos cidadãos. Em segundo lugar, a existência no ordenamento jurídico português de uma garantia constitucional da tutela jurisdicional efectiva dos direitos ou interesses legalmente protegidos dos particulares em face da Administração, incluindo, nomeadamente, o reconhecimento desses direitos ou interesses, o recurso contencioso, com fundamento em ilegalidade, contra quaisquer actos administrativos, independentemente da sua forma, que lesem aqueles direitos ou interesses legalmente protegidos, a determinação da prática de actos administrativos legalmente devidos, a adopção de medidas cautelares adequadas (entre as quais a "suspensão

O relevante papel de garantia e efectividade dos direitos fundamentais desempenhado pela justiça constitucional, *maxime* pelos tribunais constitucionais, manifesta-se na afirmação e consolidação dos direitos e liberdades dos cidadãos e, bem assim, no aprofundamento do seu conteúdo e alcance, dos quais se vão extraindo desenvolvimentos e implicações cada vez mais exigentes. Para expressar esta segunda vertente da justiça constitucional no campo dos direitos fundamentais, vem a doutrina germânica falando de um "refinamento" (*Verfeinerung*) dos direitos constitucionais e do estatuto jurídico-constitucional da pessoa e do cidadão exercido pelo Tribunal Constitucional [33]. A mesma ideia é realçada pela doutrina espanhola, que fala de uma "redefinição contínua" do conteúdo dos direitos fundamentais operada pelo Tribunal Constitucional, no "efeito educativo da jurisprudência constitucional", em matéria de direitos fundamentais, e nas "declarações constitucionais sobre os direitos fundamen-

---

judicial da eficácia do acto administrativo") e o reconhecimento aos cidadãos do direito de impugnação contenciosa das normas administrativas com eficácia externa lesivas dos seus direitos ou interesses legalmente protegidos (cfr. o artigo 268.º, n.ºs 4 e 5, da Constituição), a qual se traduz no reconhecimento aos particulares de uma protecção jurisdicional sem lacunas – *princípio da plenitude da garantia jurisdicional administrativa* – , permitindo-lhes o acesso à justiça para a defesa de direitos ou interesses legalmente protegidos, sem se condicionar esse acesso à adopção de meios específicos de impugnação ("recurso contencioso") ou à existência de um "acto administrativo" – garantia essa que preenche uma boa parte dos fins que justificariam a adopção do "recurso de amparo". Em terceiro lugar, o receio da "inundação" do Tribunal Constitucional português com grande número de processos, comprometendo, desse modo, a sua operacionalidade e eficácia. E, por último, o temor do surgimento de dificuldades de relacionamento entre o Tribunal Constitucional e os restantes tribunais, sobretudo os Supremos Tribunais, nos casos em que o "recurso de amparo" tivesse como objecto a própria decisão judicial, por ser ela mesma violadora de um direito fundamental. Cfr. a nossa obra *A Justiça Constitucional em Portugal e em Espanha*, cit., in «Revista de Legislação e Jurisprudência», Ano 131.º, N.º 3893, p. 238 e 239. Defendendo idêntica opinião, cfr. Rui Medeiros, *A Decisão de Inconstitucionalidade (Os Autores, o Conteúdo e os Efeitos da Decisão de Inconstitucionalidade da Lei)*, Lisboa, Universidade Católica, 1999, p. 352-359.

[33] Cfr. J. M. Cardoso da Costa, *Algumas Reflexões*, cit., p. 124 e 125.

tais", proferidas pelo Tribunal Constitucional[34]. Iguais caminhos são trilhados pela doutrina portuguesa, que vem sublinhando a "vinculação dos tribunais pelos direitos fundamentais através da *mediação do Tribunal Constitucional*", a "interpretação desses mesmos direitos feita por este Tribunal" e a "concretização dos direitos fundamentais através do Tribunal Constitucional"[35].

5.5. Uma última nota reveladora do sentido e valor da justiça constitucional tem a ver com a sua decisiva contribuição para a conservação, promoção e alargamento do *consenso constitucional*, considerado certeiramente como a seiva vivificadora dos regimes democráticos.

Como salienta H. Simon, olhando retrospectivamente para a jurisprudência do Tribunal Constitucional alemão, este tem ajudado a visualizar a Constituição e o seu valor existencial, reforçado e desenvolvido com o máximo cuidado o consenso constitucional e activado a escala de valores que tem como nota a dignidade humana, evidenciando-se como agente de consolidação e integração do Estado democrático e social de direito[36]. Na mesma linha, afirma P. Lucas Verdú que o Tribunal Constitucional é uma peça de importância capital para suscitar e difundir o sentimento constitucional e para promover a identificação dos cidadãos e dos seus grupos com os valores constitucionais[37].

Elemento determinante da função de promoção e alargamento do consenso sobre a Constituição exercida pela justiça constitu-

---

[34] Cfr. J. A. Doncel Luengo, *El Recurso de Amparo ante el Tribunal Constitucional, Medio Subsidiario de Protección de los Derechos Fundamentales*, polic., Centro de Estudios Constitucionales, Madrid, 1996, *passim*, em especial, p. 16, 17, 20 e 64.

[35] Cfr. J. J. Gomes Canotilho, *Tópicos de um Curso de Mestrado sobre Direitos Fundamentais, Procedimento, Processo e Organização*, in «Boletim da Faculdade de Direito da Universidade de Coimbra», Vol. 66 (1990), p. 199 e 200.

[36] Cfr. ob. cit., p. 1675.

[37] Cfr. *Politica y Justicia Constitucionales. Consideraciones sobre la Naturaleza y Funciones del Tribunal Constitucional*, in «El Tribunal Constitucional», Vol II, Madrid, Instituto de Estudios Fiscales, 1981, p. 1550.

cional – e, em geral, da legitimidade da sua acção – é a *fundamentação* das decisões dos órgãos da jurisdição constitucional, em especial do Tribunal Constitucional. A necessidade de fundamentação das decisões dos órgãos incumbidos de administrar a justiça em matérias de natureza jurídico-constitucional é um reflexo do dever de fundamentação das decisões de todos os tribunais (que não sejam de mero expediente), plasmado no artigo 205.º, n.º 1, da Constituição – fundamentação essa que se apresenta "como instrumento de ponderação e de legitimação da própria decisão judicial e de garantia do direito ao recurso"[38]. Compreende-se, por isso, que a fundamentação das decisões dos órgãos de justiça constitucional cumpra também as duas funções que a jurisprudência reiterada e uniforme do Tribunal Constitucional assinala à fundamentação das decisões judiciais[39]: a função de *ordem endoprocessual*, que visa essencialmente impor ao juiz um momento de verificação e controlo crítico da lógica da decisão, e que permite às partes o recurso da decisão com perfeito conhecimento da situação e ainda colocar o tribunal de recurso em posição de exprimir, em termos mais seguros, um juízo concordante ou divergente; e a função de *ordem extraprocessual*, já não dirigida às partes e ao juiz *ad quem*, que procura, acima de tudo, tornar possível o controlo externo e geral sobre a fundamentação factual, lógica e jurídica da decisão – que procura, dir-se-á, por outras palavras, garantir a "transparência" do processo de decisão[40].

Mas, tendo em conta a função especialmente delicada de interpretação da Constituição exercida pela jurisdição constitucional e a natureza específica e especial autoridade das decisões pela mesma proferidas, natural é que estas devam ser acompanhadas de uma fun-

---

[38] Cfr. J. J. Gomes Canotilho/Vital Moreira, *Constituição da República Portuguesa Anotada*, 3ª ed., Coimbra, Coimbra Editora, 1993, p. 798 e 799.

[39] Cfr., *inter alia*, os Acórdãos n.ºs 55/85 e 310/94, publicados no *DR*, II Série, de 28 de Maio de 1985 e de 29 de Setembro de 1994, respectivamente.

[40] Cfr. M. Taruffo, *Notte sulla Garanzia Costituzionale della Motivazione*, in «Boletim da Faculdade de Direito da Universidade de Coimbra», Vol. 55 (1979), p. 29-38.

damentação particularmente cuidada e rigorosa [41] – uma fundamentação demonstrativa da racionalidade da decisão e preocupada em apresentar "uma sucessão de perguntas e respostas", de "dialogar com diferentes argumentos" [42] e de "exprimir diferentes concepções dos direitos e do direito constitucional, através de opiniões concorrentes e dissidentes [43] –, de modo a despertar a compreensão e a aceitação não só dos seus destinatários directos, mas também da comunidade jurídica e dos principais actores da vida política. Em suma, que tais decisões devam ser alicerçadas numa fundamentação através da qual o Tribunal Constitucional – a *Supreme Court*, nos Estados Unidos da América – se apresente, nas palavras de J. Rawls, como "o paradigma institucional da razão pública", com o significado de que "é tarefa dos seus juízes procurar desenvolver e expressar nos seus juízos reflectidos a melhor interpretação possível da Constituição, utilizando para o efeito o seu conhecimento dos requisitos da Constituição e dos precedentes constitucionais", sendo a melhor interpretação possível "a que melhor se adequar ao corpo relevante desses materiais constitucionais e que o justifique em termos da concepção pública da justiça ou de uma sua variante razoável" [44].

---

[41] Cfr. P. Cruz Villalón, *Legitimidade da Justiça Constitucional e Princípio da Maioria*, in «Legitimidade e Legitimação da Justiça Constitucional (Colóquio no 10.º Aniversário do Tribunal Constitucional)», Coimbra, Coimbra Editora, 1995, p. 88; e W. Mastor, *Essai sur la Motivation des Décisions de Justice (Pour une Lecture Simplifiée des Décisions des Cours Constitutionnelles)*, in «Annuaire International de Justice Constitutionnelle», XV (1999), p. 40.

[42] Cfr. Cristina Queiroz, ob. cit., p. 166-171.

[43] A possibilidade de os tribunais exprimirem nas suas decisões diversos pontos de vista faz com que o juiz constitucional desempenhe um papel importante na formação da opinião pública e na salvaguarda da democracia. Cfr. Marilisa d'Amico, *Riflessioni sul Ruolo della Motivazione nella Corte Suprema Statunitense*, in «La Motivazione delle Decisioni della Corte Costituzionale», a cura di A. Ruggeri, Torino, Giappichelli, 1994, p. 75 e 76.

[44] Para J. Rawls, "a razão pública é característica de um povo democrático: é a razão dos seus cidadãos, daqueles que partilham o estatuto da igual cidadania". Como paradigma da razão pública, já que "é a única que a *Supreme Court* exerce", tem esta de "explicar e justificar as suas decisões, associando-as à sua interpretação da Constituição e das leis e precedentes relevantes", contribuindo,

A fundamentação das decisões da justiça constitucional apresenta-se, além disso, como um instrumento da eficácia da garantia jurisdicional da Constituição. Como acentua J. Luther, a autoridade da decisão da jurisdição constitucional depende da sua pretensão de ser considerada legítima por todos os intérpretes da Constituição. A fundamentação coloca em jogo não apenas a aceitação das decisões pelos outros poderes e pela comunidade dos constitucionalistas, mas também a integração social e política dos cidadãos como intérpretes da Constituição [45].

6. Fornecidos alguns tópicos demonstrativos do sentido e valor da justiça constitucional, importa referir que entendemos por *programa* da disciplina objecto do presente *Relatório* – distinto, na terminologia legal, dos *conteúdos* da mesma –, à semelhança do que escrevemos no *Relatório* apresentado no concurso para professor associado [46], a enunciação genérica das matérias a versar durante o período lectivo.

O programa, a apresentar no segundo capítulo deste trabalho, divide-se – podemos, desde já, adiantá-lo – em duas partes. A primeira é constituída pela enunciação dos pontos a abordar numa exposição efectuada pelo professor, com a participação activa dos alunos e com o recurso frequente à jurisprudência do Tribunal Constitucional, versando as linhas essenciais do sistema português de justiça constitucional. A segunda abrange a indicação de um conjunto de temas, com vista à elaboração por cada um dos alunos de

---

desse modo, para "atribuir vivacidade e vitalidade à razão pública no fórum público" e para "focalizar a atenção dos cidadãos nas questões constitucionais básicas", educando-os e dirigindo-os "para o uso da razão pública e para o respectivo valor de justiça política". Cfr. *Liberalismo Político*, cit., p. 209, 212 e 225-233. Cfr. também J. Sousa e Brito, *Razão Democrática e Direito*, in «Ética e o Futuro da Democracia», Lisboa, Colibri, 1998, p. 143-145.

[45] Cfr. *La Motivazioni delle Sentenze Costituzionali in Germania*, in «La Motivazione delle Decisioni della Corte Costituzionale», cit., p. 106.

[46] Cfr. a nossa obra *Estudos de Direito do Urbanismo*, Coimbra, Almedina, 1997, p. 23.

um pequeno trabalho de investigação, que é, posteriormente, discutido nas aulas.

No acervo dos temas que vamos indicar estão incluídos alguns que já foram escolhidos, nos vários anos que levamos de leccionação do *Curso de Mestrado de Direito Constitucional*, pelos alunos nos seus trabalhos elaborados na parte escolar do curso, tendo, inclusive, parte deles sido objecto de publicação. De qualquer modo, a lista a apresentar é meramente indicativa, podendo os alunos escolher, de acordo com as suas preferências pessoais, qualquer assunto de direito público, desde que sobre o mesmo tenha já incidido a jurisprudência do Tribunal Constitucional. É esta, de facto, a única limitação à liberdade de escolha dos alunos, dado que, de acordo com a perspectiva por nós adoptada na concepção e na condução do *Curso de Mestrado*, o tratamento das várias áreas temáticas deve incluir a análise da correspondente jurisprudência do Tribunal Constitucional.

O leque de temas a aprofundar pelos alunos na segunda parte do *Curso de Mestrado* é, neste contexto, muito amplo, dado que, por um lado, a Constituição não se limita a incluir o direito político ou o direito do Estado (*Staatsrecht*), condensa também as *têtes de chapitre* dos vários ramos de direito (público e privado) [47], ou, como salienta K. Hesse, estabelece "as linhas fundamentais do ordenamento jurídico e não somente da vida estatal em sentido estrito" [48] – fenómeno este que vem sendo caracterizado pela doutrina como "constitucionalização do direito" [49] –, e, por outro lado, a memória

---

[47] Cfr. A. Rodrigues Queiró, *Lições de Direito Administrativo*, Vol I, Coimbra, 1976, p. 159-170 e 197-199; J. J. Gomes Canotilho, *Direito Constitucional*, cit., p. 1332 e 1337; e Vital Moreira, *Constituição e Direito Administrativo (A "Constituição Administrativa Portuguesa")*, in «AB UNO AD OMNES – 75 Anos da Coimbra Editora 1920-1995», Coimbra, Coimbra Editora, 1998, p. 1141 e 1142.

[48] Cfr. *Verfassung und Verfassungsrecht*, in Benda/Maihofer/Vogel//Hesse/Heyde, *Handbuch des Verfassungsrechts der Bundesrepublik Deutschland*, cit., p. 7.

[49] Cfr. L. Favoreu, *La Constitutionnalisation du Droit*, in «L'Unité du Droit», Paris, Economica, 1996, p. 26-42, e D. Rousseau, *Droit du Contentieux Constitutionnel*, 5ª ed., Paris, 1999, p. 414 e segs.

da jurisprudência do Tribunal Constitucional (e da Comissão Constitucional que o antecedeu) abarca já um vasto elenco de matérias incluídas nos vários ramos infra-constitucionais do direito. Por isso, qualquer tema de Direito Constitucional (relacionado, ou não, com a caracterização do sistema português de justiça constitucional) ou qualquer matéria que faça parte de qualquer disciplina de direito público (excluímos, em princípio, como facilmente se compreende, temas sediados no direito privado) podem ser eleitos pelos alunos para os seus trabalhos de frequência do Curso de Mestrado.

À apresentação do *programa*, na dupla vertente que foi assinalada, seguir-se-á a indicação dos *conteúdos* da disciplina aqui escolhida, isto é, a explicitação dos assuntos que serão objecto de leccionação na primeira parte do programa. No capítulo terceiro do *Relatório*, expor-se-ão os métodos a adoptar, segundo a opinião do candidato, na regência do *Curso de Mestrado de Direito Constitucional*.

CAPÍTULO II
Programa da disciplina

PARTE I
Linhas Gerais do Sistema Português de Justiça Constitucional

I – Origens, Antecedentes Históricos, Jurídicos e Políticos e Legitimidade da Justiça Constitucional

1. A supremacia normativa da Constituição e a necessidade da criação de mecanismos de garantia de observância das suas disposições.
2. As concepções de Kelsen e de Carl Schmitt sobre "quem deve ser o guarda da Constituição".
3. O problema da legitimidade da justiça constitucional.
4. Os dois grandes modelos de garantia contenciosa da Constituição: o modelo norte-americano da *judicial review* ou do controlo desconcentrado ou difuso da constitucionalidade de normas jurídicas e o modelo austríaco de fiscalização concentrada da constitucionalidade dos actos normativos do poder público.
5. A natureza mista do sistema português de justiça constitucional.
6. A criação de uma verdadeira e própria jurisdição constitucional em Portugal.

II – Órgãos da Justiça Constitucional

7. O Tribunal Constitucional.
8. A generalidade dos tribunais.

III – Caracterização do Tribunal Constitucional

9. Composição, modo de designação e requisitos de designação dos juízes.
10. Estatuto dos juízes.
11. Funcionamento.
12. Natureza.
13. Competências.
14. Regime administrativo e financeiro.
15. Secretaria e serviços de apoio.

IV – Âmbito, Objecto e Padrões de Fiscalização da Constitucionalidade

16. Âmbito e objecto do controlo: actos normativos objecto de controlo (leis e outros actos normativos do poder público); noção de norma para efeito de controlo da constitucionalidade; norma e preceito normativo; direito internacional e direito supranacional; omissões legislativas; propostas de referendo nacional, regional e local.
17. Âmbito e objecto (cont.). Exclusão dos actos políticos, dos actos administrativos, das decisões jurisdicionais e dos actos jurídico--privados.
18. Padrões de controlo: a Constituição; os Tratados Internacionais, Convenções e Pactos Internacionais de carácter geral ou regional sobre direitos do homem; outras normas e princípios.

V – Modalidades e Vias Processuais de Fiscalização da Constitucionalidade de Normas Jurídicas

19. Os momentos do controlo: o controlo preventivo ou "a priori" e o controlo sucessivo ou "a posteriori".
20. Os modos do controlo: o controlo abstracto prévio; o controlo abstracto sucessivo por via de acção; o controlo abstracto por omissão; e o controlo concreto ou incidental.

21. Conteúdo das decisões: os tipos simples ou extremos e os tipos intermédios.
22. Vinculatividade das decisões.
23. Eficácia temporal das decisões.

VI – O Tribunal Constitucional e Outros Poderes do Estado

24. O Tribunal Constitucional, os partidos políticos, as eleições e os referendos.
25. O Tribunal Constitucional e os equilíbrios constitucionais entre os diferentes poderes do Estado.
26. O Tribunal Constitucional como garante da repartição de competências entre o Estado, as regiões autónomas e as autarquias locais.
27. O Tribunal Constitucional e o poder legislativo.
28. O Tribunal Constitucional e os tribunais em geral.

VII – O Tribunal Constitucional e os Tribunais Europeus

29. O Tribunal Constitucional e o Tribunal de Justiça das Comunidades.
30. O Tribunal Constitucional e o Tribunal Europeu dos Direitos do Homem.

PARTE II
Temas para os Trabalhos dos Alunos. Alguns Exemplos

31. A questão da legitimidade da justiça constitucional.
32. Modalidades de controlo da constitucionalidade à luz da jurisprudência do Tribunal Constitucional.
33. Objecto de fiscalização da constitucionalidade. O conceito

de norma jurídica para efeitos de controlo da constitucionalidade na perspectiva da jurisprudência constitucional.

34. Pressupostos do recurso na fiscalização concreta da constitucionalidade à luz da jurisprudência do Tribunal Constitucional.

35. Efeitos das decisões de inconstitucionalidade do Tribunal Constitucional.

36. A fiscalização preventiva da constitucionalidade: objecto, natureza e efeitos.

37. A inconstitucionalidade por omissão na Constituição e na jurisprudência do Tribunal Constitucional.

38. Os direitos, liberdades e garantias na jurisprudência do Tribunal Constitucional.

39. Os direitos económicos, sociais e culturais na jurisprudência do Tribunal Constitucional.

40. Os direitos e garantias dos administrados na jurisprudência do Tribunal Constitucional.

41. O princípio do Estado de direito à luz da jurisprudência do Tribunal Constitucional.

42. O princípio da separação de poderes na Constituição e na jurisprudência do Tribunal Constitucional.

43. A reserva de competência legislativa da Assembleia da República na jurisprudência do Tribunal Constitucional.

44. A reserva de jurisdição: sentido dogmático e sentido jurisprudencial.

45. O poder regulamentar da Administração na jurisprudência do Tribunal Constitucional.

46. A autonomia local e o Tribunal Constitucional.

47. O direito internacional e o direito comunitário e o Tribunal Constitucional.

48. O direito de propriedade privada e o direito de iniciativa económica privada na jurisprudência do Tribunal Constitucional.

49. A expropriação e a nacionalização na jurisprudência do Tribunal Constitucional.

50. A liberdade de consciência, de religião e de culto na jurisprudência do Tribunal Constitucional.

51. O princípio da igualdade na jurisprudência do Tribunal Constitucional.

52. O direito à intimidade da vida privada na jurisprudência do Tribunal Constitucional.

53. O referendo nacional, regional e local na Constituição e na jurisprudência do Tribunal Constitucional.

54. O poder legislativo das regiões autónomas na Constituição e na jurisprudência do Tribunal Constitucional.

55. A polícia na Constituição e na jurisprudência do Tribunal Constitucional.

56. A liberdade de expressão e informação à luz da jurisprudência do Tribunal Constitucional.

57. Os princípios constitucionais em matéria fiscal e a jurisprudência do Tribunal Constitucional.

58. O estatuto jurídico-constitucional dos estrangeiros à luz da jurisprudência do Tribunal Constitucional.

59. O direito público sancionatório na perspectiva da jurisprudência do Tribunal Constitucional.

60. O Ministério Público e o controlo da constitucionalidade de normas jurídicas.

CAPÍTULO III
Conteúdos da disciplina

1. A explanação das linhas gerais do sistema português de justiça constitucional começa, naturalmente, pela análise de um conjunto de *questões*, susceptíveis de fornecerem aos alunos alguns esclarecimentos preliminares e de proporcionarem um adequado enquadramento das matérias a abordar subsequentemente.

A primeira dessas questões – já referenciada na *Introdução* deste *Relatório* – é a concepção da Constituição como *norma suprema* do Estado e a consequente necessidade de criação de mecanismos de garantia da observância das suas disposições em todos os actos do poder público, em especial nas leis. Ora, a justiça constitucional surge precisamente com a finalidade de fornecer uma *garantia efectiva* da Constituição.

A experiência histórica demonstra que para garantir o respeito da Constituição pelo legislador, designadamente pelo legislador parlamentar, não basta o estabelecimento no texto constitucional de um procedimento mais exigente e a imposição de uma maioria qualificada para a aprovação de leis de revisão da Constituição, isto é, a instituição de uma Constituição *rígida*, de modo a impedir a sua manipulação a favor dos grupos dominantes [50]. Torna-se imperioso, ainda, obstacularizar a violação das regras e princípios constitucionais no *iter* formativo e no conteúdo das leis ordinárias [51-52]. O *autocontrolo* do

---

[50] Cfr. G. Zagrebelsky, *La Giustizia Costituzionale*, Bologna, Il Mulino, 1977, p. 317 e 318.

[51] De facto, como acentua J. Pérez Royo, o estabelecimento pela Constituição de um procedimento de reforma constitucional distinto do procedimento legislativo ordinário traduz-se numa importante *garantia* da Constituição, na medida em que esta não fica à disposição do legislador. Tal garantia é, porém,

Parlamento não é suficiente para satisfazer este escopo, sendo imprescindível a criação de um *heterocontrolo*, a cargo de um órgão de índole diversa dos órgãos de representação política[53]. É neste contexto que emergiu a justiça constitucional, como garante dos regimes democráticos, assentes no respeito das minorias e dos direitos fundamentais, e limitadora dos poderes das maiorias parlamentares, em nome dos valores condensados na Constituição.

A garantia jurisdicional da Constituição, embora seja seguramente a mais fiável e a mais eficaz, não é, porém, a única nos Estados contemporâneos. Ao lado daquela, existem os *mecanismos políticos* de garantia da Constituição, que se baseiam nos *controlos inter--orgânicos* e *intra-orgânicos* dos órgãos de soberania, decorrentes do princípio da *separação* e *interdependência* de poderes, condensado nos artigos 2.° e 111.°, n.° 1, da Lei Fundamental[54]. De facto, os

---

uma garantia *extraordinária* da Constituição, a garantia "dos domingos" ou "dos dias de festa", uma vez que a Constituição não é reformada todos os dias, mas apenas de vez em quando. É, por isso, imprescindível completar a referida garantia com uma garantia *ordinária*, "dos dias de trabalho" ou "de todos os dias", que permita afirmar a presença da Constituição como norma cimeira do ordenamento jurídico. Essa garantia é o controlo da constitucionalidade das leis. Cfr. *Curso de Derecho Constitucional*, 5ª, ed., Madrid/Barcelona, Pons, 1998, p. 146 e 147.

[52] J. J. Gomes Canotilho/Vital Moreira sublinham que existe "uma conexão material entre a fiscalização da constitucionalidade e a revisão constitucional", já que ambas "são modos de garantia e de preservação da Constituição". A primeira "garante-a e preserva-a contra os actos ou omissões do Estado que a infrinjam"; a segunda "compatibiliza a sua modificabilidade com a sua estabilidade e resguarda-a de alterações desfiguradoras das suas características essenciais". Enfim, "através da fiscalização da constitucionalidade e do sistema de revisão, afirma-se a fundamental supremacia da Constituição *como lei fundamental da ordem jurídica*, impondo-se a toda a actividade do Estado (incluindo a de produção normativa) e definindo e demarcando os limites da sua própria alteração". Cfr. *Constituição da República Portuguesa Anotada*, cit., p. 968 e 970.

[53] Cfr. L. Paladin, *Diritto Costituzionale*, 3ª ed., Padova, Cedam, 1998, p. 697 e 698; L. Arcidiacono/A. Carullo/G. Rizza, *Istituzioni di Diritto Pubblico*, 2ª ed., Bologna, Monduzzi, 1997, p. 489 e 490; A. Vignudelli, *Diritto Costituzionale*, Torino, Giappichelli, 1997, p. 178; e F. Teresi, *Lezioni sulle Garanzie Costituzionali*, Padova, Cedam, 1999, p. 1-13.

[54] Segundo K. Loewenstein, as técnicas de controlo têm como finalidade

esquemas previstos na Constituição de *responsabilidade* e *controlo* entre os vários órgãos de soberania e, bem assim, os instrumentos de *autocontrolo* da constitucionalidade das decisões dos órgãos de soberania[55] transformam-se também em factores de *garantia de observância* da Constituição.

2. A segunda questão que achamos por bem inserir no núcleo de esclarecimentos preliminares do sistema português de justiça constitucional diz respeito ao debate travado, nos anos de 1929-1931, entre Hans Kelsen e Carl Schmitt sobre quem "deve ser o garante da Constituição" (*Wer soll der Hüter der Verfassung sein*). O destaque do debate histórico entre estas duas personalidades que integram indubitavelmente a galeria dos grandes vultos da ciência do direito do século XX não é motivado por uma mera curiosidade sobre a arqueologia da ciência do direito constitucional. É, antes, justificado pela circunstância de a controvérsia entre o constitucionalista austríaco e o constitucionalista alemão pôr a descoberto um problema nuclear, e bem actual, da justiça constitucional, que é o da sua *legitimidade*.

Defensor, como se sabe, de uma concepção "normativa" da Constituição (esta é o escalão mais elevado da ordem jurídica esta-

---

impedir a concentração do poder absoluto nas mãos de um único detentor, sendo, estruturalmente, de dois tipos. Quando as instituições de controlo operam dentro da organização de um só detentor do poder, são designadas controlos *intra-orgânicos*. Quando, ao invés, funcionam entre diversos detentores do poder que cooperam na gestão estatal, são apelidadas de controlos *inter-orgânicos*. Cfr. *Teoría de la Constitución*, 2ª ed., trad. esp., Barcelona, Ariel, 1976, p. 232 e segs.

[55] Vejam-se, por exemplo, os artigos 132.º, n.º 1, alínea a), 138.º e 139.º do Regimento da Assembleia da República, publicado no *DR*, I Série-A, de 2 de Março de 1993, respeitantes ao controlo da admissibilidade, à luz da Constituição e dos princípios nela consignados, dos projectos e propostas de lei. O actual Regimento da Assembleia da República foi aprovado pela Resolução da Assembleia da República n.º 4/93, de 2 de Março, com as alterações introduzidas pelas Resoluções da Assembleia da República n.ºs 15/96, de 2 de Maio, e 3/99, de 20 de Janeiro.

dual)[56], Hans Kelsen entendia que devia ser confiada a um tribunal próprio a tarefa de apreciar as questões jurídico-constitucionais e, em particular, a de verificar a conformidade das leis com a Constituição, funcionando esse tribunal como um "legislador negativo", quando declarasse a inconstitucionalidade dessas mesmas leis[57]. A ideia de Hans Kelsen da criação de uma "autónoma justiça constitucional" foi, como é do conhecimento geral, acolhida na Constituição austríaca de 1920, que instituiu um Tribunal Constitucional.

Em contraposição à tese que vem de ser sucintamente indicada, Carl Schmitt, baseado numa concepção "decisionista-unitária" da Constituição, defendia que o conceito de "justiça constitucional" encerrava em si algo de contraditório, na medida em que seria atribuir a um órgão jurisdicional uma actividade de natureza "política". Partindo de uma noção estrita de "justiça", nos termos da qual esta é uma função exercida por um órgão independente, que se traduz na decisão de uma concreta situação da vida com base numa lei (*Justiz*

---

[56] Arquitecto da "teoria gradualista do Direito" (*Stufentheorie*), Hans Kelsen considera que "o fundamento de validade de uma norma apenas pode ser a validade de uma outra norma". Segundo o mesmo autor, o escalão de *direito positivo* mais elevado da ordem jurídica estadual é a Constituição, mas acima desta existe uma última e ainda mais elevada norma, não *posta* por uma autoridade, mas *pressuposta* como a mais elevada, designada *norma fundamental* (*Grundnorm*). "A ordem jurídica – escreve Hans Kelsen – não é um sistema de normas jurídicas ordenadas no mesmo plano, situadas umas ao lado das outras, mas é uma construção escalonada de diferentes camadas ou níveis de normas jurídicas. A sua unidade é produto da conexão de dependência que resulta do facto de a validade de uma norma, que foi produzida de acordo com outra norma, se apoiar sobre essa outra norma, cuja produção, por seu turno, é determinada por outra; e assim por diante, até abicar finalmente na norma fundamental – pressuposta. A norma fundamental – hipotética, nestes termos – é, portanto, o fundamento de validade último que constitui a unidade desta interconexão criadora". Cfr. Hans Kelsen, *Teoria Pura do Direito*, trad. J. Baptista Machado, 2ª ed., Vol II, Coimbra, Arménio Amado, 1962, p. 1-4, 64 e 65.

[57] Cfr. W. Schild, *Das Problem eines Hüters der Verfassung, Philosophische Anmerkungen zu einem juristischen Topos*, in «Hüter der Verfassung oder Lenker der Politik? – Das Bundesverfassungsgericht im Widerstreit», herausg. B. Guggenberger/T. Würtenberger, Baden-Baden, Nomos, 1998, p. 39.

ist Entscheidung eines Falles auf Grund eines Gesetzes)[58], concluía Carl Schmitt que a tarefa atribuída a um Tribunal Constitucional não era recondutível ao conceito de justiça e cifrava-se, no fundo, numa actividade de índole política[59]. Respondendo a Tripel, Anschütz e Gneist, que recomendavam a criação de um tribunal para decidir todos os litígios sobre a interpretação e a aplicação da Constituição, como exigência do Estado de direito, dizia Carl Schmitt que esse tribunal, com a missão de decidir todos os litígios de interpretação das leis, seria, na realidade, "uma alta instância política", dado que separar, nessa situação, as questões jurídicas das políticas e acreditar que um assunto jurídico-político podia ser despolitizado seria pura ficção. Descrente em que um Tribunal Constitucional pudesse decidir apenas questões jurídicas, em contraponto às questões políticas, sustentava Carl Schmitt que, "em lugar de um Tribunal com roupagem de formas judiciais, decide com mais dignidade uma instância política, algo como um «Senado», a exemplo das Constituições napoleónicas, que previam um denominado «*Sénat conservateur*» para defesa da Constituição"[60]. Um tal órgão político, ao qual, de acordo com Carl Schmitt, se devia confiar a missão de "defender a Constituição", teria capacidade para, nas eventuais situações de crise, assegurar a unidade do Estado expressa numa determinada Constituição, ou seja, garantir uma concreta e determinada "decisão constituinte"[61].

3. A terceira *questão* – que queremos somente enunciar, e não desenvolver, no conjunto dos esclarecimentos preliminares do sistema português de justiça constitucional – diz respeito à *legitimidade* da garantia jurisdicional da Constituição. É esta uma questão já velha de algumas décadas do constitucionalismo, mas que vem

---
[58] Cfr. W. Schild, ob. cit., p. 32.
[59] Cfr. J. M. Cardoso da Costa, *Algumas Reflexões*, cit., p. 115.
[60] Cfr. Carl Schmitt, *Teoría de la Constitución*, trad. esp., Madrid, Alianza, 1983, p. 131 e 132.
[61] Excelentes sínteses dos contornos da contenda entre Hans Kelsen e Carl Schmitt sobre "o guarda" da Constituição podem ver-se em J. M. Cardoso da Costa, *Algumas Reflexões*, cit., p. 114-117, e em W. Schild, ob. cit., p. 31-43.

ocupando recorrentemente as "primeiras páginas" dos últimos estudos de direito constitucional. Ela coloca-se em três níveis ou patamares diferentes.

O primeiro consiste em perguntar se tem cabimento uma garantia jurisdicional da Constituição, isto é, se se justifica entregar à jurisdição, ou a "uma" jurisdição em particular, a missão de garantir a efectividade da Constituição contra os restantes poderes do Estado, democraticamente legitimados, incluindo o legislador, ou se, por essa via, não se está a atribuir uma função "política" a órgãos jurisdicionais, que não podem, nem devem, fazer "política". O segundo traduz-se em indagar se, aceitando-se que há lugar a uma garantia contenciosa da Constituição, esta tarefa deve ser cometida aos tribunais comuns ou, ao invés, a um tribunal próprio e específico, situado fora da ordem ou das ordens judiciais comuns e integrado por juízes sujeitos a um processo especial de designação, capaz de lhes conferir uma qualificada legitimação política. O terceiro, finalmente, dando por resolvido o problema da legitimidade da existência de uma jurisdição constitucional, cifra-se em questionar a sua natureza, o seu sentido e os seus limites, num quadro constitucional assente no princípio da separação de poderes, ou, noutros termos, em questionar os limites "funcionais" da justiça constitucional (já não a questão "estrutural" ou "institucional" da sua existência), procurando saber até onde pode e deve ela ir, sem invadir e "usurpar" o domínio próprio de outros poderes do Estado, igualmente legitimados para o desempenho das suas funções específicas [62]. Neste terceiro nível, o que está em discussão, como salienta R. Alexy (referindo-se à intervenção do Tribunal Constitucional, para garantia dos direitos fundamentais, em face do poder legislativo), "não é *se* o Tribunal Constitucional possui competências de controlo no âmbito da legislação, mas apenas o *alcance* que as mesmas apresentam"[63].

---

[62] Sobre os níveis em que pode colocar-se a questão da legitimidade da justiça constitucional, cfr. J. M. Cardoso da Costa, *Algumas Reflexões*, cit., p. 116-123.

[63] Cfr. ob. cit., p. 496.

Relativamente à questão da *legitimidade* da justiça constitucional, importa, desde já, sublinhar a consagração e a generalização, no espaço europeu, ao longo dos últimos cinquenta anos do século há pouco terminado, da justiça constitucional, através da instituição, de acordo com a concepção de Hans Kelsen, de órgãos jurisdicionais próprios e específicos (os tribunais constitucionais), incumbidos de exercer primordialmente a justiça em matérias de natureza jurídico--constitucional. Tal movimento de consagração e de difusão da justiça constitucional – que poderemos considerar, com L. Favoreu, como "l'événement le plus marquant du droit constitutionnel européen de la seconde moitié du XX siècle"[64] – começou, logo após o termo da 2ª Grande Guerra, com a restauração da Constituição austríaca de 1920 e a aprovação da Constituição italiana, de 1948, e da Lei Fundamental alemã, de 1949; continuou, mais tarde, com a criação do *Conseil Constitutionnel* francês, em 1958, mas, sobretudo, com o alargamento da sua capacidade de intervenção, a partir da Revisão Constitucional de 29 de Outubro de 1974[65]; prosseguiu, nos anos 70, com as novas Constituições portuguesa e espanhola e, em 1980, com a criação da *Cour d'Arbitrage* belga; e, terminou, na última década do século XX, com a emergência, nos países da Europa

---

[64] Cfr. *Les Cours Constitutionnelles*, 3ª ed., Paris, PUF, Que sais-je?, 1996, p. 3.

[65] A referida revisão constitucional, alterando o artigo 61.º, parágrafo segundo, da Constituição francesa de 1958, alargou a legitimidade para solicitar ao Conselho Constitucional a apreciação (facultativa) da constitucionalidade das leis, antes da sua promulgação, a sessenta Deputados ou sessenta Senadores (que vieram juntar-se ao Presidente da República, Primeiro-Ministro, Presidente da Assembleia Nacional e Presidente do Senado). Apesar de, com esta reforma, se manter, em França, a natureza exclusivamente *preventiva* do controlo da constitucionalidade de normas jurídicas, teve a mesma um profundo significado, já que permitiu à minoria parlamentar desempenhar um importante papel de vigilância do respeito da Constituição, retirando à maioria governamental o monopólio de guardião da mesma. Cfr., para mais desenvolvimentos, C. Cadoux, *Droit Constitutionnel et Institutions Politiques (Théorie Générale des Institutions Politiques)*, 4ª ed., Paris, Cujas, 1995, p. 200; Y. Guchet/J. Catsiapis, *Droit Constitutionnel*, Paris, Ellipses, 1996, p. 180-184; D. Touret, *Droit Public Constitutionnel*, Paris, Litec, 1998, p. 203 e 204 ; e D. Rousseau, ob. cit., p. 66-69.

de leste, após a queda dos regimes comunistas, de tribunais constitucionais, cuja função precípua é a fiscalização da constitucionalidade das leis e de outras normas jurídicas [66].

A generalização da justiça constitucional, no pós-guerra, no quadro das democracias ocidentais, como antídoto à degenerescência totalitária que nalgumas delas se tinha verificado antes da 2ª Grande Guerra, e a nova vaga da instituição de jurisdições constitucionais nos Estados pós-comunistas da Europa central, como sustentáculos dos jovens regimes democráticos, são um testemunho vivo do largo consenso que percorre a enorme "casa europeia" sobre a justiça constitucional. Um tal consenso não significou, no entanto, o esquecimento ou o abandono da discussão sobre a legitimidade da justiça constitucional – discussão essa que não visa já, no entanto, pôr em causa a ideia básica de uma garantia contenciosa da Constituição, nem a atribuição da correspondente competência a um tribunal próprio, especificamente instituído e legitimado para o efeito. Ela visa, antes, por um lado, responder à interrogação da compatibilidade da justiça constitucional com o "princípio democrático" (que tem a sua principal expressão no "princípio da maioria"), no qual assenta a legitimação dos órgãos legislativos, procurando esclarecer o problema da compaginação do poder do juiz constitucional de "desautorizar" o legislador com aquele princípio, e, por outro lado, definir os "limites funcionais" da justiça constitucional em face do "poder de conformação" (ou de "invenção") do legislador e discutir a legitimidade de certas "práticas" ou "técnicas" de decisão dos tribunais constitucionais que poderão invadir aquele espaço de reserva do legislador.

---

[66] Sobre as etapas do desenvolvimento da justiça constitucional na Europa ocidental e sobre a emergência de uma justiça constitucional na Europa central, cfr. D. Rousseau, *La Justice Constitutionnelle en Europe*, 2ª ed., Paris, Montchrestien, 1992, p. 23-32. Para uma caracterização da justiça constitucional em alguns países da Europa central, tais como Bulgária, Hungria, Polónia, Roménia, Eslováquia e República Checa, cfr. *La Justice Constitutionnelle en Europe Centrale*, direc. M. Verdussen, Bruxelles/Paris, Bruylant/L. G. D. J., 1997, p. 1 e segs.

No que respeita à primeira vertente assinalada, têm sido abundantes as posições doutrinárias sobre a compatibilidade da justiça constitucional com o princípio democrático da maioria. Vale a pena indicar, muito esquematicamente, algumas delas: a posição de R. Dworkin, que distingue entre *"questões de princípio"*, isto é, entre matérias que se baseiam em *argumentos de princípio (arguments of principle)*, que são proposições que descrevem direitos, e para cuja solução os tribunais, em especial os tribunais constitucionais, tratando--se de direitos fundamentais, estão melhor preparados, e *"questões políticas"*, ou seja, matérias que se alicerçam em *argumentos políticos (arguments of policy)*, que se propõem estabelecer um objectivo colectivo da comunidade como um todo, e para cuja resolução os órgãos políticos (poder legislativo e poder executivo) têm maior aptidão [67-68]; a que, alicerçando-se nos fundamentos da decisão do Juiz John Marshall, em 1803, no caso *Marbury* v. *Madison*, defende

---

[67] Cfr. *Taking Rights Seriously*, Cambridge/Massachusetts, Harvard University Press, 1977, p. 82-100, em especial, p. 82-84, 86 e 90. Nesta ordem de ideias, R. Dworkin escreve que a *Supreme Court* "deve tomar decisões de princípio, não de política – decisões sobre que direitos as pessoas têm sob o nosso sistema constitucional, não decisões sobre como se promove melhor o bem-estar geral – e que deve tomar essas decisões elaborando e aplicando a teoria substantiva da representação, extraída do princípio básico de que o governo deve tratar as pessoas como iguais" (cfr. *A Matter of Principle*, Oxford, Oxford University Press, 1996, p. 69).

A tese exposta de R. Dworkin é seguida, entre nós, por J. Sousa e Brito, ao sublinhar que a legitimidade da jurisdição constitucional apoia-se no argumento de que "os juízes constitucionais são mais qualificados para resolver questões de princípio, ou insensíveis à escolha, enquanto os parlamentos e os governos são mais qualificados para escolher" (cfr. *Jurisdição Constitucional e Princípio Democrático*, in «Legitimidade e Legitimação da Justiça Constitucional», cit., p. 43).

[68] A distinção entre *argumentos de princípio* e *argumentos políticos* não significa, segundo R. Dworkin, que os juízes não baseiem e devam basear os seus julgamentos de casos controvertidos em *argumentos de princípio político (arguments of political principle)*, que apelam aos direitos políticos de cidadãos individuais, mas não já em *argumentos de acção política (arguments of political policy)*, os quais exigem que uma determinada decisão contribua para promover uma certa concepção do bem-estar geral ou do interesse público (cfr. *A Matter of Principle*, cit., p. 9-11).

que é na ideia de "um governo limitado", ou seja, na ideia de que a Constituição outorga "poderes limitados" aos órgãos políticos, que assenta a legitimidade da justiça constitucional (a quem cabe o poder de decidir quando são transgredidos esses limites)[69]; a tese que radica a legitimidade da justiça constitucional no (directo ou indirecto) fundamento democrático da escolha dos juízes que compõem os tribunais constitucionais[70]; a posição que, baseando-se igualmente no fundamento que inspirou o Juiz John Marshall no caso *Marbury v. Madison*, considera que é na "representação teórica de uma primazia da Constituição associada à vontade do poder constituinte de garantir efectivamente esta primazia por meio da jurisdição constitucional" que se encontra a legitimidade da justiça constitucional[71]; a tese que vai buscar à exigência de *fundamentação* das decisões da justiça constitucional – uma fundamentação baseada em argumentos racionais e coerentes, capazes de convencer o "auditório" e de ser objecto do seu controlo – o elemento essencial da legitimidade da justiça constitucional[72]; e, por último, a posição que con-

---

[69] Cfr. Maria da Assunção Esteves, *Legitimação da Justiça Constitucional e Princípio Maioritário*, in «Legitimidade e Legitimação da Justiça Constitucional», cit., p. 127 e segs. Cfr. também R. Dworkin, *Law's Empire*, Oxford, Hart Publishing, 1998, p. 355.

[70] Cfr. P. Bon, *La Légitimité du Conseil Constitutionnel Français*, in «Legitimidade e Legitimação da Justiça Constitucional», cit., p. 149-151; e L. Favoreu, *La Légitimité de la Justice Constitutionnelle et la Composition des Juridictions Constitutionnelles*, na mesma publicação, p. 230 e segs.

[71] Cfr. Christian Starck, *La Légitimité de la Justice Constitutionnelle et le Principe Démocratique de Majorité*, in «Legitimidade e Legitimação da Justiça Constitucional», cit., p. 59 e segs. Esta posição entronca na tese de John Marshall, segundo a qual o poder e dever do Supremo Tribunal Federal de fazer cumprir a Constituição provêm da própria declaração deste documento, que constitui a *lei* suprema dos Estados Unidos da América. Cfr., sobre este ponto, R. Dworkin, *Law's Empire*, cit., p. 356.

[72] Cfr. J. Luther, ob. e loc. cits. O dever de *fundamentação* constitui, segundo M. Luciani, não apenas a fonte de legitimidade da justiça constitucional, mas também da jurisdição em geral (embora a primeira, devido à sua natureza específica, coloque particulares exigências no que concerne ao dever de fundamentação). Neste sentido, sublinha aquele autor que "as decisões judiciais que

sidera que o problema da legitimidade da justiça constitucional deve ser resolvido com base na consideração de uma pluralidade de elementos: a efectiva legitimação democrática dos juízes, o método da sua escolha (que deve ter como preocupação a garantia da sua independência, de modo particular em face dos partidos políticos), a elevada qualificação dos juízes e o carácter jurisdicional da sua actividade (*die Richterlichkeit ihrer Amtsführung*), bem como a própria duração do mandato dos juízes[73].

Não é esta, naturalmente, a altura, nem este o lugar para analisar as posições doutrinárias que vêm de ser referidas. Acrescentaremos, por isso, tão-só que todas elas apresentam importantes subsídios para o esclarecimento do problema nuclear da *legitimidade* da justiça constitucional, na vertente assinalada.

No que concerne à segunda dimensão referida da *legitimidade* da justiça constitucional – isto é, a dos seus "limites funcionais" em face do "poder de conformação" do legislador –, referiremos, por agora, unicamente, que devem os tribunais constitucionais resistir à tentação de "substituírem pelas suas próprias «valorações» as que a Constituição deixa em aberto ao legislador" e "limitarem-se ao escrutínio das normas *sub judicio* à luz daquelas que são indiscutíveis

---

criam maior escândalo não são tanto as que parecem erradas, mas as que – qualquer que seja o seu conteúdo – não são fundamentadas". Cfr. *Giurisdizione e Legittimazione nello Stato Costituzionale di Diritto (Ovvero: Di Un Aspetto Spesso Dimenticato del Rapporto fra Giurisdizione e Democrazia)*, in «Politica del Diritto», Ano XXIX, N.º 3 (1998), p. 365 e segs., em especial, p. 376 e 377.

No mesmo sentido, P. Cruz Villalón distingue uma *legitimidade da função* ou *legitimidade objectiva* (a qual se encontra na legitimidade da própria Constituição), uma *legitimidade de origem* (que deriva do modo de designação dos juízes do Tribunal Constitucional) e uma *legitimidade de exercício* da justiça constitucional, que é a *fundamentação* das decisões (a decisão fundamentada, argumentada e racionalizada), a qual se reveste de particulares exigências "nessa função tão delicada que se chama interpretação da Constituição". Cfr. *Legitimidade da Justiça Constitucional e Princípio da Maioria*, in «Legitimidade e Legitimação da Justiça Constitucional», cit., p. 87-89.

[73] Cfr. E.W. Böckenförde, *Staat, Nation, Europa: Studien zur Staatslehre, Verfassungstheorie und Rechtsphilosophie*, 2. Aufl., Frankfurt am Main, Suhrkamp, 2000, p. 176-182, em especial, p. 177.

«valorações constitucionais»"[74]. Por outro lado, quanto à questão da justificação e admissibilidade de determinadas "técnicas" que não se limitam ao puro e simples juízo de inconstitucionalidade ou não inconstitucionalidade – "técnicas" essas que serão apresentadas um pouco mais adiante –, estamos perante algo que permanece em aberto, devido à sua grande complexidade e melindre, não sendo de todo elimináveis, segundo pensamos, as dúvidas que, pelo menos em relação a algumas delas, se vêm colocando.

4. No campo da justiça constitucional, existem dois grandes *modelos* de controlo da constitucionalidade de normas jurídicas: o modelo norte-americno da *judicial review* ou do controlo *desconcentrado* ou *difuso*, baseado no poder-dever que os diferentes tribunais têm de não aplicar nas questões submetidas ao seu julgamento normas contrárias à Constituição; e o modelo austríaco da fiscalização *concentrada* (numa instância única e especializada) da constitucionalidade dos actos normativos do poder público[75].

---

[74] Cfr. J. M. Cardoso da Costa, *Algumas Reflexões*, cit., p. 121.

[75] As notas características destes dois modelos podem ver-se em F. Cuocolo, *Istituzioni di Diritto Pubblico*, 9ª ed., Milano, Giuffrè, 1996, p. 916-918; F. Fernández Segado, *El Sistema Constitucional Español*, Madrid, Dykinson, 1992, p. 1046-1048; A. Torres del Moral, *Principios de Derecho Constitucional Español*, Vol. II, 3ª ed., Madrid, Servicio de Publicaciones de la Facultad de Derecho, 1992, p. 383 e 384; P. Caretti/U. de Siervo, *Istituzioni di Diritto Pubblico*, 3ª ed., Torino, Giappichelli, 1996, p. 493-496; P. Gaïa [*et al.*], ob. cit., p. 215 e segs.; D. Rousseau, *La Justice Constitutionnelle*, cit., p. 13-23 ; e J. Pérez Royo, ob. cit., p. 151, 152, 156 e 157.

O controlo da constitucionalidade das leis não foi inscrito na Constituição dos Estados Unidos da América de 1787. Mas aquilo que os pais da Constituição não ousaram fazer veio a ser feito por John Marshall, numa decisão de 1803. Então Presidente do Supremo Tribunal, federalista convicto, nomeado por um Presidente dos Estados Unidos, ele próprio federalista (John Adams), foi confrontado com o seguinte problema: depois da vitória do anti-federalista Thomas Jefferson, em 1800, Adams aproveitou os últimos momentos da sua presidência para nomear como juízes, inamovíveis, homens conhecidos pelas suas convicções federalistas. A precipitação foi tal que a decisão de nomeação de William Marbury não foi a tempo de ser enviada ao seu destinatário. Em face da recusa

Pode dizer-se, muito genericamente, que estes dois *modelos* influenciaram, em maior ou menor medida, os sistemas de justiça constitucional de vários países europeus e de diferentes países ibero--americanos [76]. Por isso, muitos deles conhecem sistemas *mistos* de controlo da constitucionalidade de normas jurídicas, que procuram conjugar as notas típicas daqueles dois *modelos* de justiça constitucional. É, neste contexto, que alguns autores salientam o fenómeno, ocorrido em vários países europeus, da "evolução convergente" dos dois modelos ou mesmo da "progressiva fusão" do controlo difuso e concentrado [77].

---

do novo Ministro da Justiça Madison de dar seguimento àquela decisão, Marbury dirigiu-se ao Supremo Tribunal, pedindo-lhe para obrigar a Administração a instalá-lo nas suas funções, de acordo com o poder que lhe era atribuído pela Lei Judiciária de 1789.

Perante uma situação de conflito directo entre o novo Presidente dos Estados Unidos e o Supremo Tribunal, John Marshall encontrou uma saída particularmente hábil e astuciosa. Na sua decisão, declarou que a Lei de 1789, que conferia ao Supremo Tribunal o direito de impor a nomeação de juízes federais, era contrária à Constituição (com o fundamento de que o Congresso tinha ultrapassado os seus poderes, ao alargar a competência daquela Alta Instância Judicial) e que o Tribunal não podia, consequentemente, examinar o pedido de Marbury. Tratou-se de uma decisão política, na qual o Supremo Tribunal cedeu, habilmente, ao Presidente Jefferson, não impondo a nomeação do federalista Marbury, mas, em contrapartida, afirmou o princípio do controlo judicial da constitucionalidade das leis, por ele considerado como um instrumento indispensável à consolidação do poder federal.

Esta decisão – que é o verdadeiro momento auroral do sistema americano de justiça constitucional – baseou-se no seguinte silogismo: 1. A Constituição é superior a qualquer outra norma. 2. A Lei sobre a Organização Judiciária de 1789 é contrária à Constituição. 3. A lei deve ser, desde então, declarada inválida, por inconstitucionalidade. E foi rematada com a seguinte conclusão: "A linguagem da Constituição dos Estados Unidos confirma e reforça o princípio considerado como essencial de toda a Constituição escrita, que uma lei contrária à Constituição é nula e que os tribunais, assim como os outros poderes, estão vinculados a um tal instrumento". Cfr. J. Acosta Sánchez, ob. cit., p. 115-123; P Gaïa [*et al.*], ob. cit., p. 217 e 218; e D. Rousseau, *La Justice Constitutionnele*, cit., p. 14-16.

[76] Cfr. o nosso *Relatório Geral*, cit., p. 44 e segs.

[77] Cfr. A. Torres del Moral, ob. cit., p. 384 e 385; e F. Fernández Segado, ob. cit., p. 1048 e 1049.

5. Também o sistema português de justiça constitucional tem uma natureza *mista*. Esta resulta da circunstância de ele incluir, simultaneamente, um controlo concreto ou incidental da constitucionalidade de normas jurídicas, a cargo de todos os tribunais, o qual ocorre a propósito da aplicação dessas normas aos casos que houverem de decidir, e um controlo abstracto, directo, por via principal ou por via de acção da conformidade com a Constituição de normas jurídicas, da competência exclusiva do Tribunal Constitucional, o qual se caracteriza por ter lugar independentemente da aplicação de uma norma jurídica a um caso.

6. No que toca especificamente às origens e antecedentes históricos, jurídicos e políticos da justiça constitucional, pode afirmar-se que a criação, no nosso país, de uma verdadeira e própria jurisdição constitucional autónoma deve-se à Lei de Revisão Constitucional de 1982, que, alterando a Constituição de 1976, instituiu um Tribunal Constitucional, com competência específica para administrar a justiça em matérias de natureza jurídico-constitucional. Na configuração do sistema português de controlo da constitucionalidade de normas jurídicas, não deixou o legislador constituinte de se inspirar nas experiências das Constituições de 1911 e 1933, que previam um sistema "difuso" ou "não concentrado" de fiscalização da constitucionalidade das leis, confiado à generalidade dos tribunais ordinários no quadro dos casos concretos que houvessem de decidir, e de tomar em consideração o modelo "misto" de controlo da constitucionalidade de normas jurídicas gizado na versão originária da Constituição de 1976, substituindo o órgão político de controlo concentrado da constitucionalidade de normas jurídicas (Conselho da Revolução) por um órgão jurisdicional [78]. Verifica-se, assim, que o aparecimento em

---

[78] Para mais desenvolvimentos, cfr. Jorge Miranda, *Manual de Direito Constitucional*, Tomo II, 3ª ed., Coimbra, Coimbra Editora, 1991, p. 391-411; J. J. Gomes Canotilho, *Direito Constitucional*, cit., p. 847 e segs.; e J. M. Cardoso da Costa, *A Jurisdição Constitucional em Portugal*, 2ª ed., Coimbra, 1992, p. 9-13.

A Constituição Portuguesa de 1911 foi a primeira Constituição europeia a prever expressamente a competência dos tribunais para apreciar a constitucionali-

Portugal (tal como, de resto, em outros países), do Tribunal Constitucional teve de aguardar a restauração e a consolidação do regime democrático. Isto comprova que só em democracia é possível a existência de um Tribunal Constitucional ou mesmo uma jurisdição constitucional que tenha como objecto o controlo da constitucionalidade das leis. Como sublinha F. Lucas Pires, "só na relação funcional e moral com o regime democrático, um Tribunal Constitucional tem sentido", estando-lhe mesmo reservado um relevante papel de "garante e ordenador da democracia"[79].

---

dade das normas jurídicas, segundo o modelo da *judicial review* norte-americano. De facto, segundo o seu artigo 63.°, "o Poder Judicial, desde que, nos feitos submetidos a julgamento, qualquer das partes impugnar a validade da lei ou dos diplomas emanados do Poder Executivo ou das corporações com autoridade pública, que tiverem sido invocados, apreciará a sua legitimidade ou conformidade com a Constituição e princípios nela consagrados". Este preceito constitucional, embora tendo sido motivado por razões específicas do nosso país (desde logo, a reacção contra os decretos ditatoriais de antes da instauração da República), foi claramente inspirado no artigo 59.°, III, § 1, alínea *b*), da Constituição Brasileira de 1891. Cfr., por todos, Jorge Miranda, *O Constitucionalismo Liberal Luso-Brasileiro*, Lisboa, Comissão Nacional para as Comemorações dos Descobrimentos Portugueses, 2001, p. 50, 54, 196 e 290; José Afonso da Silva, *Curso de Direito Constitucional Positivo*, 9ª ed., São Paulo, Malheiros, 1992, p. 51; e o nosso *Relatório Geral*, cit., p. 42 e 44.

Na versão originária da Constituição (1976-1982), a fiscalização da constitucionalidade assentava num claro dualismo: a fiscalização abstracta, a cargo de um órgão político *sui generis* – o Conselho da Revolução –, que a exercia auxiliado por um órgão jurídico, a Comissão Constitucional, à qual tinha de solicitar parecer, que, todavia, não estava obrigado a seguir; e a fiscalização concreta, da competência de todos os tribunais, com recurso para a Comissão Constitucional, no caso de eles desaplicarem por inconstitucionalidade normas legais ou equiparadas. Cfr., por todos, A. Ribeiro Mendes, *Relatório de Portugal*, in «I Conferência da Justiça Constitucional da Ibero-América, Portugal e Espanha (Os Órgãos de Fiscalização da Constitucionalidade: Funções, Competências, Organização e Papel no Sistema Constitucional Perante os Demais Poderes do Estado)», cit., p. 691-696.

[79] Cfr. *Legitimidade da Justiça Constitucional e Princípio da Maioria*, in «Legitimidade e Legitimação da Justiça Constitucional», cit., p. 169.

7. No sistema português, são órgãos da justiça constitucional o Tribunal Constitucional – que constitui a pedra angular de todo o sistema – e os restantes tribunais.

A fiscalização abstracta da constitucionalidade (preventiva e sucessiva) está *concentrada* no Tribunal Constitucional, de acordo com o modelo austríaco da *Verfassungsgerichtsbarkeit*. Mas na fiscalização concreta da constitucionalidade, todos os tribunais *têm acesso directo* à Constituição (segundo o artigo 204.° da Lei Fundamental, "nos feitos submetidos a julgamento não podem os tribunais aplicar normas que infrinjam o disposto na Constituição ou os princípios nela consignados"), havendo recurso das suas decisões para o Tribunal Constitucional, restrito à matéria de constitucionalidade. Verifica-se, assim, que, na fiscalização da constitucionalidade de normas jurídicas, o sistema de controlo é *difuso na base* e *concentrado no topo*. Difuso na base, porque todos os juízes têm o poder-dever de fiscalizar a constitucionalidade das normas jurídicas convocáveis pelos casos que tiverem de decidir, na esteira da tradição do constitucionalismo português, iniciada com a Constituição de 1911. *Concentrado no topo*, porque a "palavra final" em matéria de constitucionalidade cabe (*rectius*, pode vir a caber) ao Tribunal Constitucional.

8. Relativamente à caracterização do Tribunal Constitucional português, importa referir que ele é *composto* por treze juízes.

Quanto ao *modo de designação*, enquanto em alguns países europeus os juízes do Tribunal Constitucional são designados pelos três clássicos poderes do Estado (poder legislativo, poder executivo e poder judicial) – como sucede, por exemplo, no país vizinho[80] –, em Portugal, apenas o poder legislativo intervém na designação dos treze juízes do Tribunal Constitucional (dez juízes são eleitos pela Assembleia da República, por maioria de dois terços dos deputados presentes, desde que superior à maioria absoluta dos deputados em

---

[80] Cfr. a nossa obra *A Justiça Constitucional em Portugal e em Espanha*, cit., in «Revista de Legislação e Jurisprudência», Ano 131.°, N.° 3892, p. 198.

efectividade de funções, sendo os restantes três cooptados por aqueles) – cfr. o artigo 222.º, n.ºs 1 e 2, da Constituição e os artigos 12.º e seguintes da Lei Orgânica sobre a Organização, Funcionamento e Processo do Tribunal Constitucional, doravante designada, numa fórmula mais curta, Lei do Tribunal Constitucional (Lei n.º 28/82, de 15 de Novembro, alterada, sucessivamente, pelas Leis n.ºs 143/85, de 26 de Novembro, 85/89, de 7 de Setembro, 88/95, de 1 de Setembro, e 13-A/98, de 26 de Fevereiro)[81].

No processo de Revisão Constitucional que culminou com a publicação da Lei Constitucional n.º 1/97, de 20 de Setembro, foram apresentados projectos que propunham alterações ao *modo de designação* dos juízes do Tribunal Constitucional[82], os quais, todavia, não mereceram aprovação, mantendo-se, por isso, a solução introduzida pela Revisão Constitucional de 1982 relativa ao modo de designação dos juízes do Tribunal Constitucional português.

Aquando da Revisão Constitucional de 1982, ouviram-se críticas ao modo de composição do Tribunal Constitucional, devido, sobretudo, à ausência de elementos designados pelo Presidente da

---

[81] A Lei n.º 13-A/98, de 26 de Fevereiro, alterou o *método* de eleição dos juízes pela Assembleia da República, dando nova redacção aos artigos 14.º e 16.º da Lei do Tribunal Constitucional. Enquanto, anteriormente, a eleição dos juízes era feita *nominalmente* – o que possibilitava uma apreciação dos méritos individuais dos candidatos à eleição –, após a entrada em vigor da Lei n.º 13-A/98, a eleição processa-se por *lista*, a qual deve integrar os nomes de todos os candidatos, por ordem alfabética, com identificação dos que são juízes dos restantes tribunais.

[82] Desses projectos uns apontavam para que os treze juízes do Tribunal Constitucional passassem a ser eleitos pela Assembleia da República [projectos do Partido Social Democrata (PSD) e dos Deputados da Juventude Social Democrata (JSD) Pedro Passos Coelho, Luís David, Sérgio Vieira, Hermínio Loureiro e João Moura de Sá], enquanto outros sugeriam que na designação dos membros daquele órgão participasse também o Presidente da República [projecto apresentado pelo Prof. Jorge Miranda, que propunha a designação de dois juízes (obrigatoriamente de entre juízes dos demais tribunais) pelo Presidente da República]. Cfr. o *Diário da Assembleia da República*, II Série-A, N.º 27, de 7 de Março de 1996, e Jorge Miranda, *Ideias para uma Revisão Constitucional em 1996*, Lisboa, Cosmos, 1996.

República e pelo Poder Judicial (através do Conselho Superior da Magistratura ou dos Supremos Tribunais). Essas vozes críticas diminuíram, no entanto, com o tempo, podendo, hoje, afirmar-se que a grande maioria dos constitucionalistas e dos políticos defende que o modo de designação que hoje temos em Portugal – o qual se baseia na existência de um consenso entre a maioria e a oposição – constitui uma solução correcta e adequada, na sua globalidade, às finalidades próprias do sistema de jurisdição constitucional de um Estado moderno [83].

No tocante aos *requisitos de designação* dos juízes do Tribunal Constitucional, é exigida a cidadania portuguesa, bem como a qualidade de jurista. Impõe-se, além disso, que todos os juízes estejam no pleno gozo dos seus direitos civis e políticos e que seis dos juízes eleitos ou cooptados sejam juízes dos restantes tribunais (cfr. o artigo 222.º, n.º 2, da Constituição e o artigo 13.º da Lei do Tribunal Constitucional).

9. O *estatuto* dos juízes do Tribunal que tem como função primordial o controlo da constitucionalidade de normas jurídicas é composto por um núcleo de *direitos* e de *regalias*, mas também por um leque rigoroso de *incompatibilidades*.

Assim, com vista ao desempenho imparcial das funções de juiz constitucional, o ordenamento jurídico reconhece aos magistrados uma série de *garantias*. Elas são, em geral, a *independência* em relação aos restantes órgãos do Estado, designadamente em relação àquele que procedeu à sua designação, a *inamovibilidade* e a *irresponsabilidade* pelas suas decisões ou opiniões. O estatuto dos juízes do Tribunal Constitucional inclui ainda um acervo de *direitos* e de *regalias*, designadamente no domínio dos vencimentos e dos regimes de previdência e aposentação, disciplinar e de responsabilidade civil e criminal. Como contrapartida ao elenco de *direitos* e de

---

[83] Cfr., sobre esta problemática, L. Nunes de Almeida, *Da Politização à Independência (Algumas Reflexões sobre a Composição do Tribunal Constitucional)*, in «Legitimidade e Legitimação da Justiça Constitucional», cit., p. 248-254.

garantias, o nosso ordenamento jurídico prevê uma malha apertada de *incompatibilidades* (em regra, idênticas às dos juízes dos restantes tribunais), que apontam para um regime tendencialmente *exclusivo* do exercício das funções de juiz do Tribunal Constitucional. Especialmente vedado é o exercício de funções em órgãos de partidos políticos ou de associações políticas, bem como o desenvolvimento de actividades político-partidárias de carácter público (cfr. os artigos 222.°, n.° 5, e 216.°, n.° 3, da Constituição e o artigo 27.°, n.° 2, da Lei do Tribunal Constitucional). A Constituição e a lei excluem, no entanto, do elenco de incompatibilidades o exercício de funções docentes ou de investigação científica de natureza jurídica, impondo, porém, que tais actividades não sejam remuneradas.

No que concerne à *duração do mandato* dos juízes do Tribunal Constitucional, a Lei de Revisão Constitucional n.° 1/97, de 20 de Setembro, trouxe importantes novidades. Se, antes desta, a Constituição fixava a duração do mandato em seis anos, sem qualquer limite à possibilidade da sua renovação, na sequência da Revisão de 1997, os juízes do Tribunal Constitucional passaram a ter um mandato com a duração de nove anos, não renovável (cfr. o artigo 222.°, n.° 3, da Constituição e o artigo 21.° da Lei do Tribunal Constitucional).

Costuma avançar-se como argumento a favor da proibição da renovação do mandato o reforço da independência dos juízes do Tribunal Constitucional, mas deve evitar-se uma substituição em bloco, findo o período do mandato dos juízes, por razões de *continuidade* da jurisprudência do Tribunal Constitucional. O artigo 196.° da Lei Constitucional n.° 1/97 pretendeu impedir um tal resultado, ao estatuir que "a lei de organização, funcionamento e processo do Tribunal Constitucional poderá estabelecer regime transitório aplicável à primeira eleição e cooptação de juízes, destinado a garantir que o termo do mandato desses juízes não ocorra simultaneamente quanto a todos eles, não se aplicando àqueles cujo mandato seja reduzido a limitação constante da parte final do n.° 3 do artigo 222.° da Constituição", isto é, a proibição de eleição ou cooptação para um novo mandato. Esse regime transitório consta do artigo 5.° da

Lei n.º 13-A/98, de 26 de Fevereiro (que introduziu alterações à Lei do Tribunal Constitucional), e consiste na cessação do mandato de quatro dos juízes eleitos e de um dos juízes cooptados no fim da primeira metade do mandato dos juízes designados para o Tribunal Constitucional na primeira eleição e na primeira cooptação realizadas após a entrada em vigor da Lei Constitucional n.º 1/97. A determinação dos juízes abrangidos pelo encurtamento do mandato é feita por sorteio, sendo, no entanto, o número dos juízes a sortear diminuído do número de juízes de qualquer dos grupos acima referidos cujo mandato haja entretanto cessado ou que, até à realização do sorteio, apresentem declaração de renúncia, a qual poderá conter a menção de que apenas produzirá efeito na data da posse do juiz que vier a ser designado para substituir o renunciante.

Entendeu o legislador constituinte português, seguindo a opinião de alguns constitucionalistas portugueses [84] e, sobretudo, os ensinamentos do direito comparado, que a eliminação da possibilidade de renovação dos mandatos (que poderia ser vista como um acto recompensatório ou punitivo sobre certos juízes) é uma solução que promove e facilita a independência objectiva dos juízes do Tribunal Constitucional.

10. O *funcionamento* do Tribunal Constitucional é marcado pela circunstância de ele reunir em Plenário (que concentra, *grosso modo*, a competência no domínio da fiscalização abstracta, de carácter preventivo e sucessivo, da constitucionalidade de normas jurídicas) e, a partir da nova redacção dada ao artigo 41.º, n.º 1, da Lei do Tribunal Constitucional pelo artigo 1.º da Lei n.º 13-A/98, de 26 de Fevereiro, em três Secções não especializadas, cada uma delas constituída pelo Presidente ou pelo Vice-Presidente [85] e por mais quatro

---

[84] Cfr., por todos, Marcelo Rebelo de Sousa, *Legitimação da Justiça Constitucional e Composição dos Tribunais Constitucionais*, in «Legitimidade e Legitimação da Justiça Constitucional», cit., p. 227, e L. Nunes de Almeida, ob. cit., p. 254.

[85] Nos termos do disposto no artigo 37.º, n.º 1, da Lei do Tribunal Constitucional, o mandato do Presidente e do Vice-Presidente é de metade do mandato

juízes (a elas cabe, fundamentalmente, o conhecimento dos recursos no domínio do controlo concreto da constitucionalidade de normas jurídicas). Antes das alterações à Lei do Tribunal Constitucional introduzidas pela Lei n.º 13-A/98, o Tribunal Constitucional desdobrava-se apenas em duas Secções não especializadas, constituída cada uma delas pelo Presidente e por mais seis juízes (deve realçar-se ainda que a referida Lei n.º 13-A/98, dando uma nova redacção aos artigos 77.º, 78.º-A e 78.º-B daquela Lei Orgânica, criou, com a finalidade de aumentar a operacionalidade e a eficácia do Tribunal Constitucional, dentro de cada Secção, uma Conferência, constituída pelo Presidente ou pelo Vice-Presidente, pelo relator e por outro juiz da respectiva Secção, indicado pelo pleno da Secção em cada ano judicial[86], à qual compete decidir das reclamações dos despachos

---

dos juízes (isto é, quatro anos e meio), podendo haver recondução. Antes desta solução – introduzida pela Lei n.º 13-A/98, de 26 de Fevereiro –, o Presidente e o Vice-Presidente eram eleitos por dois anos judiciais, com possibilidade de recondução.

A competência do Presidente e do Vice-Presidente é definida no artigo 39.º da Lei do Tribunal Constitucional. Os poderes do primeiro são susceptíveis de ser arrumados em três grupos: a representação oficial do Tribunal e a manutenção das relações entre este e os restantes órgãos e autoridades públicas; a convocação e a presidência das sessões do Tribunal e a direcção dos respectivos trabalhos, bem como o apuramento das votações, e, de um modo geral, a dinamização do trabalho jurisdicional daquele órgão; e a superintendência na gestão e administração do Tribunal. Ao Vice-Presidente compete, por sua vez, substituir o Presidente nas suas faltas e impedimentos, coadjuvá-lo no exercício das suas funções, nomeadamente presidindo a uma das Secções a que não pertença, e praticar os actos respeitantes ao exercício das competências que por aquele lhe forem delegadas.

[86] O artigo 41.º, n.º 2, da Lei do Tribunal Constitucional determina que a distribuição dos juízes, incluindo o Vice-Presidente, pelas Secções e a determinação da Secção normalmente presidida pelo Vice-Presidente serão feitas pelo Tribunal no início de cada ano judicial. Por sua vez, segundo o artigo 78.º-A, n.º 3, da mesma lei, a conferência é constituída pelo Presidente ou pelo Vice-Presidente, pelo relator e por outro juiz da respectiva Secção, indicado pelo pleno da Secção em cada ano judicial. A composição das Secções – e agora também das Conferências – tem-se, porém, mantido estável, não havendo exemplos de juízes que tenham mudado de Secção durante o respectivo mandato.

que indefiram o requerimento de interposição do recurso concreto de constitucionalidade para o Tribunal Constitucional ou que retenham a sua subida, das reclamações das decisões sumárias proferidas pelos relatores, quando entendam que não pode conhecer-se do objecto do recurso, por faltar algum dos seus pressupostos, ou que a questão a decidir é simples, e, bem assim, das reclamações de todas as decisões da competência dos relatores – sendo a decisão proferida pela Conferência definitiva, quando houver unanimidade dos juízes intervenientes, mas cabendo essa decisão ao pleno da Secção quando não haja unanimidade).

Ainda no domínio do *funcionamento* do Tribunal Constitucional, importa registar breves notas sobre o *quorum* de funcionamento e o *quorum* deliberativo, sobre o *processo de formação* das decisões do Tribunal e sobre a formulação de *votos de vencido*.

Quanto ao primeiro aspecto, o artigo 42.º, n.º 1, da Lei do Tribunal Constitucional determina que este só pode funcionar, em Plenário ou em Secção, estando presente a maioria dos respectivos membros em efectividade de funções, incluindo o Presidente ou o Vice-Presidente. No que ao segundo diz respeito, as deliberações são tomadas com base na maioria dos votos dos juízes presentes (dispondo cada juiz de um voto e tendo o Presidente, ou o Vice-Presidente quando o substitua, voto de qualidade) – cfr. o artigo 42.º, n.ºs 2 e 3, da Lei do Tribunal Constitucional.

No que tange ao *processo de formação* das decisões, são estas precedidas de uma discussão em que intervêm todos os juízes, que incide sobre o "memorando" ou "projecto de acórdão" apresentado previamente pelo juiz relator do processo, que é determinado por sorteio. Nos processos de fiscalização abstracta sucessiva, o memorando é, no entanto, elaborado pelo Presidente do Tribunal (cfr. o artigo 63.º, n.º 1, da Lei do Tribunal Constitucional). Finda a discussão, procede-se à votação das diversas questões sobre as quais o Tribunal se deva pronunciar, utilizando o método da chamada "votação escalonada" (*Stufenabstimmung*), isto é, compartimentando as diversas questões colocadas no âmbito de cada processo e formando, em relação a cada uma delas, a respectiva maioria de votação[87]. Embora o artigo 42.º da Lei do Tribunal Constitucional não o estabeleça expressamente, o Tribunal tem entendido que, para se formar uma decisão de inconstitucionalidade, é necessária uma maioria não apenas quanto à decisão, mas também quanto à *fundamentação* – e daí que o Tribunal Constitucional recorra, frequentes vezes, a uma fundamentação em *cascata* ou utilize uma fundamentação *alternativa*, que seja susceptível de ser subscrita por uma maioria de juízes ou mesmo pelo maior número possível deles[88].

Tal como em outros ordenamentos jurídicos, é reconhecido aos juízes do Tribunal Constitucional o direito de lavrarem *votos de vencido* (*dissenting opinions*) e *declarações de voto* quanto à fundamentação (*concurring opinions*) – cfr. o artigo 42.º, n.º 4, da Lei do Tribunal Constitucional[89].

11. A *natureza* do Tribunal Constitucional pode ser surpreendida num conjunto de notas.

Primo, é um órgão de *carácter jurisdicional*, mas que apresenta importantes especificidades relativamente aos restantes tribunais. O carácter jurisdicional do Tribunal Constitucional resulta essencial-

---

[87] Para uma análise detalhada do método de "votação escalonada", cfr. o Acórdão do Tribunal Constitucional n.º 58/95, publicado no *DR*, II Série, de 9 de Março de 1995.

[88] Cfr., sobre este ponto, António de Araújo/ J. Casalta Nabais/ José Manuel Vilalonga, *Relatório de Portugal para a II Conferencia de la Justicia Constitucional de Iberoamérica, Portugal y España*, in «Anuario Iberoamericano de Justicia Constitucional», Madrid, Centro de Estudios Políticos y Constitucionales, 1998, p. 382.

[89] Ainda sobre o funcionamento do Tribunal Constitucional, deve referir--se que compete ao Tribunal Constitucional, através do Plenário dos seus juízes, elaborar os regulamentos internos necessários ao seu bom funcionamento [cfr. o artigo 36.º, alínea *b*), da Lei do Tribunal Constitucional].

No exercício desta competência, foram aprovados vários regulamentos relativos ao funcionamento do Plenário e das Secções, às notificações de decisões, à publicação de decisões, à biblioteca e arquivo bibliográfico e jurisprudencial, etc. Além disso, compete ao Tribunal Constitucional fixar, por deliberação interna, no início de cada ano judicial, os dias e horas em que se realizam as sessões ordinárias [cfr. o artigo 36.º, alínea *d*), da Lei do Tribunal Constitucional].

mente do seu estatuto, do processo de formação das suas decisões e da natureza da sua actividade. Aliás, a natureza jurisdicional do Tribunal Constitucional é expressamente referida no artigo 221.º da Constituição, que o define como "o tribunal ao qual compete especificamente administrar a justiça em matérias de natureza jurídico--constitucional".

Secundo, é um órgão situado no topo da hierarquia dos tribunais, uma vez que as suas decisões são irrecorríveis para qualquer outro tribunal. A nossa Constituição autonomizou, no entanto, o Tribunal Constitucional dos restantes tribunais, através da inclusão das disposições que lhes dizem respeito em Títulos diferentes dos dos tribunais que integram o poder judicial. Ele não se encontra, por isso, integrado na *estrutura* do poder judicial. Todavia, na medida em que das decisões dos tribunais que compõem o poder judicial, incluindo os supremos tribunais, cabe recurso para o Tribunal Constitucional, no âmbito das matérias da sua competência, e das decisões deste não há recurso para qualquer outro tribunal, o Tribunal Constitucional há-de ser considerado, ao menos sob o ponto de vista *funcional*, como situado no topo da hierarquia dos tribunais.

Tertio, é o *órgão superior da justiça constitucional* – e, por isso, o intérprete supremo da Constituição, ao qual é reservada a "ultima palavra" sobre a interpretação das normas constitucionais.

12. As *competências* do Tribunal Constitucional estão, no que respeita ao seu núcleo essencial, tipificadas na Constituição. A tipificação constitucional das competências do Tribunal Constitucional é algo que não carece de justificação: sendo a missão essencial do Tribunal Constitucional garantir a observância das regras e princípios constitucionais pelos diversos órgãos do Estado, é natural que o cerne das suas competências esteja tipificado na Constituição. É isso o que faz o artigo 223.º da Constituição.

Algumas das competências estão também contempladas na mencionada Lei do Tribunal Constitucional – uma lei orgânica, isto é, uma espécie de lei de valor reforçado, que cabe na reserva absoluta de competência legislativa da Assembleia da República [cfr. o artigo 164.º, alínea *c*), da Constituição], que carece de aprovação, na votação final global, por maioria absoluta dos deputados em efectividade de funções (cfr. o artigo 168.º, n.º 5, da Lei Fundamental) e que está sujeita a um regime especial de fiscalização preventiva da constitucionalidade, quanto às entidades que a podem requerer, e a um regime mais exigente em caso de veto político do Presidente da República, uma vez que a confirmação parlamentar tem de ser feita pela maioria de dois terços dos deputados presentes, desde que superior à maioria absoluta dos deputados em efectividade de funções (cfr. os artigos 278.º, n.ºs 4 a 7, e 136.º, n.º 3, da Constituição). A possibilidade de a lei desenvolver e ampliar as competências do Tribunal Constitucional está prevista no n.º 3 do artigo 223.º da Constituição, exigindo-se, porém, que a atribuição de novas competências seja feita por *lei orgânica*.

Vejamos, agora, em termos sucintos, quais são as competências do Tribunal Constitucional. Vamos arrumá-las em dois grupos: as *competências nucleares* e as *outras competências*.

No acervo das primeiras, inclui-se, em primeiro lugar, a competência para fiscalizar a constitucionalidade de normas jurídicas de *forma abstracta* (a título preventivo ou a título sucessivo) e de *forma concreta* – através de recursos para si interpostos das decisões dos outros tribunais que recusem a aplicação de qualquer norma, com fundamento em inconstitucionalidade, ou que apliquem norma cuja inconstitucionalidade haja sido suscitada durante o processo ou norma que já tenha sido julgada inconstitucional pelo Tribunal Constitucional [cfr. os artigos 281.º, n.ºs 1, alínea *a*), 2 e 3, e 280.º, n.ºs 1, alíneas *a*) e *b*), 3, 4 e 5, da Constituição]. Em segundo lugar, a competência para apreciar e verificar o não cumprimento da Constituição "por omissão das medidas legislativas necessárias para tornar exequíveis as normas constitucionais" (*inconstitucionalidade por omissão*) – cfr. o artigo 283.º da Constituição. E, em terceiro lugar, a competência para fiscalizar, por *via abstracta* ou por *via concreta* ou *incidental*, certas formas de ilegalidade ("ilegalidade qualificada") de normas jurídicas: ilegalidade de norma decorrente da violação de lei com valor reforçado; ilegalidade de norma constante de diploma regional, por violação do estatuto da região autónoma ou de lei geral da República [90]; e ilegalidade de norma constante de diploma emanado de órgão de soberania, com fundamento em violação dos direitos de uma região autónoma consagrados no seu estatuto [cfr. os artigos 281.°, n.os 1, alíneas *b*), *c*) e *d*), 2 e 3, e 280.°, n.os 2, 3, 4 e 5, da Constituição] [91].

---

[90] As leis gerais da República são definidas no artigo 112.°, n.° 5, da Constituição (versão da Lei Constitucional n.° 1/97) como "as leis e os decretos--leis cuja razão de ser envolva a sua aplicação a todo o território nacional e assim o decretem". Elas constituem um limite ao poder legislativo das regiões autónomas, não podendo os decretos legislativos das Assembleias Legislativas dos Açores e da Madeira desrespeitar ou dispor contra os seus *princípios fundamentais* (a não ser quando o poder legislativo seja exercido, sob autorização legislativa da Assembleia da República). Os outros limites ao poder legislativo daquelas pessoas colectivas territoriais são os seguintes: as matérias a tratar têm de ser de *interesse específico* para a região, isto é, hão-de abranger alguma ou algumas das matérias enumeradas, a título exemplificativo, no artigo 228.° da Constituição ou "outras matérias que respeitem exclusivamente à respectiva região ou que nela assumam particular configuração" [alínea o) do mesmo artigo] – o chamado *limite positivo*; e tais matérias não podem estar reservadas à competência legislativa da Assembleia da República ou do Governo – o denominado *limite negativo* [cfr. os artigos 112.°, n.os 4 e 5, 227.°, n.° 1, alíneas *a*), *b*) e *c*), 228.° e 232.°, n.° 1, todos da Constituição portuguesa]. Para uma síntese da jurisprudência constitucional portuguesa sobre os poderes legislativos das Regiões Autónomas, antes da Quarta Revisão Constitucional, cfr., por todos, Mário de Brito, *Competência Legislativa das Regiões Autónomas*, in «Scientia Juridica», Tomo XLIII (1994), N.os 247-249, p. 15-32. Para uma análise do conceito de *lei geral da República* e dos limites ao poder legislativo das regiões autónomas na versão da Constituição resultante da revisão de 1997, cfr. Jorge Miranda, *Manual de Direito Constitucional*, Tomo V, 2ª ed., Coimbra, Coimbra Editora, 2000, p. 383--411, bem como os Acórdãos do Tribunal Constitucional n.os 711/97, 630/99 e 631/99, o primeiro publicado no *DR*, I Série-A, de 24 de Janeiro de 1998, e os dois restantes no mesmo Jornal Oficial, I Série-A, de 23 de Dezembro de 1999.

[91] A somar às competências de controlo normativo indicadas no texto, deve ainda referir-se a competência, mencionada no artigo 70.°, n.° 1, alínea *i*), da Lei do Tribunal Constitucional, para conhecer dos recursos das decisões dos tribunais "que recusem a aplicação de norma constante de acto legislativo com fundamento na sua contrariedade com uma convenção internacional, ou a apliquem em desconformidade com o anteriormente decidido sobre a questão pelo Tribunal Cons-

No grupo das *outras competências*, inserimos o vasto elenco das competências do Tribunal Constitucional que vão para além dos poderes de controlo da constitucionalidade – e das formas de "ilegalidade qualificada" antes referidas – de normas jurídicas. Essas competências podem ser catalogadas do seguinte modo:

a) Competências relativas ao Presidente da República [cfr. o artigo 223.º, n.º 2, alíneas *a*) e *b*), da Constituição e os artigos 7.º e 86.º a 91.º da Lei do Tribunal Constitucional], que se traduzem em verificar a morte do Presidente da República, declarar a sua incapacidade física permanente, verificar o impedimento temporário para o exercício das suas funções (e, naturalmente, a cessação de tal impedimento) [92] ou verificar a perda do cargo de Presidente, nos casos previstos nos artigos 129.º, n.º 3, e 130.º, n.º 3, da Constituição.

b) Competências relativas a processos eleitorais, que se traduzem, genericamente, em "julgar em última instância a regularidade e a validade dos actos de processo eleitoral, nos termos da lei" [cfr. o artigo 222.º, n.º 2, alínea *c*), da Constituição]. Para além desta competência contenciosa eleitoral, são ainda cometidas ao Tribunal Constitucional várias outras funções no domínio de certos procedimentos eleitorais. Assim, nos termos do artigo 8.º da Lei do Tribunal Constitucional, compete-lhe receber e admitir as candidaturas para Presidente da República; verificar a morte e declarar a incapacidade para o exercício da função presidencial de qualquer candidato a Presidente da República, para efeitos de reabertura do respectivo processo eleitoral [cfr. o artigo 222.º, n.º 2, alínea *d*), da Constituição]; julgar os recursos interpostos de decisões sobre reclamações e protestos apresentados nos actos de apuramento parcial, distrital e geral da eleição do Presidente da República, nos termos da respectiva

---

titucional" – recurso este que, nos termos do n.º 2 do artigo 71.º da mesma lei, "é restrito às questões de natureza jurídico-constitucional e jurídico-internacional implicadas na decisão recorrida".

[92] O Tribunal Constitucional já exerceu, por uma vez, as competências de verificação do impedimento temporário do Presidente da República para o exercício das suas funções e de verificação de cessação de tal impedimento, através, respectivamente, dos Acórdãos n.os 976/96 e 980/96 (ambos inéditos).

lei eleitoral; julgar os recursos em matéria de contencioso de apresentação de candidaturas e de contencioso eleitoral relativamente às eleições para o Presidente da República, Assembleia da República, assembleias legislativas regionais e órgãos do poder local; receber e admitir as candidaturas relativas à eleição dos Deputados ao Parlamento Europeu e julgar os correspondentes recursos e, bem assim, julgar os recursos em matéria de contencioso eleitoral referente à mesma eleição; e julgar os recursos interpostos de actos administrativos praticados pela Comissão Nacional de Eleições ou por outros órgãos da administração eleitoral.

c) Competências respeitantes ao contencioso parlamentar [cfr. o artigo 223.°, n.° 2, alínea g), da Constituição e os artigos 7.°-A, 8.°, alínea g), 91.°-A, 91.°-B e 102.°-D da Lei do Tribunal Constitucional], destinadas a julgar, a requerimento dos deputados, nos termos da lei, os recursos relativos à perda de mandato e às eleições (para determinados órgãos) realizadas na Assembleia da República e nas assembleias legislativas regionais.

d) Competências relativas a partidos políticos, coligações e frentes [cfr. o artigo 223.°, n.° 2, alíneas e) e h), da Constituição e os artigos 9.°, 103.°-A a 103.°-F da Lei do Tribunal Constitucional], consistentes em aceitar a inscrição de partidos políticos em registo próprio existente no Tribunal; apreciar a legalidade das denominações, siglas e símbolos dos partidos políticos e das coligações e frentes de partidos, ainda que constituídas apenas para fins eleitorais, bem como apreciar a sua identidade ou semelhança com as de outros partidos, coligações ou frentes; proceder às anotações referentes a partidos políticos, coligações ou frentes de partidos exigidas por lei; julgar as acções de impugnação de eleições e de deliberações de órgãos de partidos políticos que, nos termos da lei, sejam recorríveis; apreciar a regularidade e a legalidade das contas dos partidos políticos, nos termos da lei, e aplicar as respectivas sanções; e ordenar a extinção de partidos e de coligações de partidos.

e) Competência relativa a organizações que perfilhem a ideologia fascista (cfr. os artigos 10.° e 104.° do Tribunal Constitucional), que se cifra em declarar, nos termos e para os efeitos da Lei n.° 64/78, de 6 de Outubro, que uma organização perfilha a ideologia fascista e decretar a respectiva extinção⁹³.

f) Competência respeitante a referendos nacionais, regionais e locais [cfr. os artigos 223.º, alínea *f*), 115.º, 134.º, alínea *c*), 164.º, alínea *b*), 167.º, 232.º, n.º 2, 240.º e 256.º da Constituição e o artigo 11.º da Lei do Tribunal Constitucional], que se traduz na fiscalização preventiva obrigatória da constitucionalidade e da legalidade das propostas de referendo nacional, regional e local, nela se incluindo a apreciação dos requisitos relativos ao respectivo universo eleitoral (cfr. também as Leis Orgânicas n.ºs 15-A/98, de 3 de Abril, e 4/2000, de 24 de Agosto).

g) Competência relativa a declarações de titulares de cargos políticos (cfr. os artigos 11.º-A e 106.º a 113.º da Lei do Tribunal Constitucional), que consiste em receber as declarações de património e rendimentos, bem como as declarações de incompatibilidades e impedimentos dos titulares de cargos políticos, e tomar as decisões sobre essas matérias que se encontrem previstas nas respectivas leis.

Verifica-se do elenco das competências do Tribunal Constitucional português que este não possui duas competências típicas da jurisdição constitucional de outros países: a garantia de protecção dos direitos fundamentais, através de *instrumentos* ou *mecanismos jurisdicionais específicos*, para além da via da fiscalização abstracta e concreta de constitucionalidade de normas jurídicas; e a arbitragem de *conflitos de poderes* entre órgãos supremos do Estado (*litígios constitucionais*), bem como a resolução de *conflitos de competências* entre o poder central do Estado e os "poderes periféricos", designadamente dos Estados federados e das regiões⁹⁴.

---

⁹³ Esta competência já foi exercida uma vez pelo Tribunal Constitucional, no Acórdão n.º 17/94 (publicado no DR, II Série, de 31 de Março de 1994), tendo o Tribunal concluído que a organização em causa já se havia extinto, antes da sua decisão.

⁹⁴ Cfr., sobre este ponto, no que respeita ao ordenamento jurídico espanhol, a nossa obra *A Justiça Constitucional em Portugal e em Espanha*, cit., in «Revista de Legislação e Jurisprudência», Ano 131.º, N.º 3892, p. 199 e 200, bem

Mas, em contrapartida, as atribuições cometidas ao Tribunal Constitucional português, não só no domínio das modalidades de controlo da constitucionalidade e de legalidade de normas jurídicas, mas também no âmbito das matérias há pouco assinaladas, são muito mais vastas do que aquelas que, de um modo geral, estão reservadas a órgãos jurisdicionais similares. O volumoso naipe de competências do Tribunal Constitucional é claramente excessivo e susceptível de prejudicar ou perturbar o normal desempenho da sua missão principal, que é a do controlo da constitucionalidade de normas jurídicas. Estamos a pensar – e falamos por experiência própria –, por exemplo, nos recursos em matéria de contencioso de apresentação de candidaturas e de contencioso eleitoral relativamente às eleições para os órgãos do poder local, que, devido ao seu elevado número e

---

como o nosso *Relatório Geral*, cit., p. 58-61 (este último relativamente aos ordenamentos jurídicos espanhol e de outros países ibero-americanos).

O facto de o Tribunal Constitucional português não dispor de competência específica para arbitrar *conflitos de poderes* entre órgãos de soberania, mas apenas para apreciar as questões de constitucionalidade e, em certos casos, de legalidade de normas jurídicas, não significa que, por esta via, não desempenhe um papel de garante da observância do princípio da separação de poderes, tal como é consagrado na Constituição. Daí que exista um grande número de acórdãos do Tribunal Constitucional sobre as fronteiras entre as competências legislativas da Assembleia da República e do Governo (cfr., entre uma multiplicidade deles, os Acórdãos n.os 373/91, 368/92 e 148/96, publicados no *DR*, I Série-A, de 6 de Novembro de 1991, I Série-A, de 6 de Janeiro de 1993, e II Série, de 30 de Novembro de 1996, respectivamente), entre a função legislativa e a função administrativa (reserva da administração – cfr., a título exemplificativo, os Acórdãos n.os 1/97 e 24/98, o primeiro publicado no *DR*, I Série-A, de 5 de Março de 1997, e na «Revista de Legislação e Jurisprudência», Ano 130.°, N.os 3875 e 3876, p. 48 e segs., com uma *Anotação* de J. J. Gomes Canotilho, e o segundo no *DR*, II Série, de 19 de Fevereiro de 1998), entre a função administrativa e a função judicial (reserva do juiz – cfr., entre muitos, os Acórdãos n.os 182/90 e 452/95, publicados no *DR*, II Série, de 11 de Novembro de 1990 e de 21 de Novembro de 1995, respectivamente) e, inclusive, entre a função judicial e a função exercida pelas comissões parlamentares de inquérito (cfr., sobre este último ponto, o Acórdão n.° 195/94, publicado no *DR*, II Série, de 12 de Maio de 1994, e na «Revista de Legislação e Jurisprudência», Ano 127.°, N.° 3845, p. 238 e segs., com uma *Anotação* de J. J. Gomes Canotilho).

à sua concentração num período determinado, preenchem, quase exclusivamente, o trabalho do Tribunal Constitucional, durante cerca de dois meses. Entendemos, por isso, na linha da afirmação de Marcelo Rebelo de Sousa, que algumas das competências que detém o Tribunal Constitucional português não se ajustam à composição e à estrutura de um órgão cuja vocação primordial é o controlo da constitucionalidade das normas jurídicas[95].

13. O Tribunal Constitucional goza de autonomia administrativa e financeira, como garantia da sua independência em relação aos restantes poderes do Estado.

A primeira traduz-se essencialmente na competência do Presidente para superintender na gestão e administração do Tribunal, bem como na secretaria e serviços de apoio. A segunda tem a sua expressão num especial *regime financeiro*, cujas traves jurídicas constam dos artigos 47.º-A a 47.º-F da Lei do Tribunal Constitucional. São notas essenciais desse *regime financeiro*: a disposição pelo

---

[95] Cfr. *Orgânica Judicial, Responsabilidade dos Juízes e Tribunal Constitucional*, Lisboa, Associação Académica da Faculdade de Direito de Lisboa, 1992, p. 35-41. Outros autores, ao invés, propugnam pela adição de novas competências às actualmente detidas pelo Tribunal Constitucional. Assim, Jorge Miranda, apesar de propor a eliminação da competência do Tribunal Constitucional no domínio dos recursos relativos a eleições para os órgãos do poder local (os quais, em certas épocas, se revelam muito absorventes dos juízes constitucionais), entende que aquele Tribunal deve estender a sua intervenção ao controlo da constitucionalidade de certos actos políticos e às acções sobre responsabilidade civil do Estado por actos da função legislativa (cfr. *Nos Dez Anos de Funcionamento do Tribunal Constitucional*, in «Legitimidade e Legitimação da Justiça Constitucional», cit., p. 101-103). Também Vital Moreira defende um alargamento do âmbito da justiça constitucional, de modo a abranger o controlo de constitucionalidade dos actos do Estado, "qualquer que seja a sua natureza, normativa ou não, *desde que afectem quaisquer dos interesses ou posições constitucionalmente garantidas*, a saber, os direitos da oposição, das regiões e dos municípios, das demais colectividades e instituições constitucionalmente protegidas e das minorias culturais" (cfr. *Princípio da Maioria e Princípio da Constitucionalidade: Legitimidade e Limites da Justiça Constitucional*, in «Legitimidade e Legitimação da Justiça Constitucional», cit., p. 187-189).

Tribunal Constitucional de orçamento próprio, inscrito nos encargos gerais da Nação do Orçamento Geral do Estado; a competência para o Tribunal elaborar a sua proposta de orçamento; a disponibilidade de receitas próprias (para além das dotações do Orçamento Geral do Estado); e a ampla autonomia na gestão do seu orçamento.

O Tribunal Constitucional dispõe também de serviços e pessoal próprios (cfr. os artigos 45.º a 47.º da Lei do Tribunal Constitucional). A organização, composição e funcionamento da secretaria e serviços de apoio do Tribunal Constitucional, bem como os direitos, deveres e regalias do pessoal do Tribunal Constitucional são regulados, actualmente, no Decreto-Lei n.º 545/99, de 14 de Dezembro – diploma este emitido com base nas remissões constantes dos artigos 45.º e 46.º, n.º 2, da Lei do Tribunal Constitucional. Não podemos, como se compreende, expor, neste trabalho, os diversos aspectos do regime jurídico dos serviços e do pessoal daquele órgão jurisdicional. Deixamos, por isso, tão-só a seguinte ideia muito genérica sobre a organização dos serviços do Tribunal Constitucional: ela compreende o Secretário-Geral, a Secretaria Judicial (que engloba uma secção central e quatro secções de processos), a Divisão Administrativa e Financeira, o Núcleo de Apoio Documental e Informação Jurídica, o Centro de Informática e os Gabinetes de Apoio ao Presidente, Vice-Presidente, Juízes e Ministério Público.

14. *Objecto* de fiscalização da constitucionalidade são, desde logo, os actos legislativos, isto é, as leis, os decretos-leis e os decretos legislativos regionais (cfr. o artigo 112.º, n.º 1, da Lei Fundamental). Mas caem também no *âmbito* do controlo da constitucionalidade os restantes actos normativos do poder público, designadamente os actos de natureza regulamentar, provenham eles do Estado, de institutos públicos, de associações públicas ou de entes públicos territoriais distintos do Estado, como sejam as regiões autónomas e as autarquias locais (em especial, os municípios).

O conceito de *norma*, para efeitos de fiscalização de constitucionalidade, tem sido densificado na jurisprudência do Tribunal Constitucional. Segundo a jurisprudência uniforme e constante do nosso órgão supremo da justiça constitucional, a noção de norma jurídica abrange qualquer acto do poder público que contiver uma "regra de conduta" para os particulares ou para a Administração, um "critério de decisão" para esta última ou para o juiz ou, em geral, um "padrão de valoração de comportamento". Trata-se de um conceito simultaneamente *formal* e *funcional* de norma, que não abrange somente os preceitos de natureza *geral* e *abstracta*, antes inclui quaisquer normas públicas, de eficácia externa, independentemente do seu carácter geral e abstracto ou individual e concreto e, bem assim, de possuírem, neste último caso, eficácia consumptiva (isto é, quando seja dispensável um acto de aplicação). Necessário e suficiente, segundo a jurisprudência do Tribunal Constitucional, é que se esteja perante um preceito de um acto normativo público (*maxime*, lei ou regulamento), e não perante um acto administrativo propriamente dito, um acto político ou uma decisão judicial[96]. A aplicação desta doutrina – que suscita, por vezes, dificuldades face às diversas situações concretas – levou o Tribunal Constitucional a considerar susceptíveis de controlo de constitucionalidade leis-medida (também designadas leis-providência) e leis individuais e concretas, tratados--contrato internacionais e resoluções da Assembleia da República que possuam carácter normativo ou produzam efeitos normativos, como, por exemplo, as que suspendem a vigência de decretos-leis.

De harmonia com a jurisprudência reiterada do Tribunal Constitucional, objecto de controlo de constitucionalidade são as normas jurídicas e não os preceitos normativos que as contêm. De qualquer modo, o controlo de "normas" há-de sempre incidir sobre um "texto"

---

[96] Cfr., sobre esta problemática, o estudo elaborado no âmbito do nosso Curso de Mestrado de Direito Constitucional por Licínio Lopes Martins, *O Conceito de Norma na Jurisprudência do Tribunal Constitucional*, in «Boletim da Faculdade de Direito da Universidade de Coimbra», Vol. 75 (1999), p. 599 e segs.

De entre os múltiplos arestos do Tribunal Constitucional que densificam o conceito de "norma jurídica" para efeitos de controlo da constitucionalidade, podem citar-se os Acórdãos n.os 26/85, 150/86 e 255/92, publicados no DR, II Série, de 24 de Abril de 1985, de 26 de Julho de 1986 e de 26 de Agosto de 1992, respectivamente.

ou um "preceito" (legal ou regulamentar) que lhe sirva de suporte ou, por outras palavras, o pedido de fiscalização de constitucionalidade tem sempre por objecto normas vasadas ou concretizadas em preceitos legais ou regulamentares (em determinados suportes formais)[97]. O juízo de constitucionalidade pode, por outro lado, reportar-se apenas a partes de um mesmo preceito normativo, quando este contiver mais do que uma norma ou quando o preceito contiver uma única norma, mas só estiver em causa uma parte ou um segmento ideal da mesma.

Todavia, em relação às normas consuetudinárias – as quais podem ser objecto de fiscalização de constitucionalidade, no ordenamento jurídico português, na medida e nos domínios em que são admitidas como fonte de direito interno (cfr. os artigos 3.º, n.º 1, e 348.º do Código Civil) –, não tem aplicação a noção de preceito normativo, que pressupõe uma fonte escrita de direito.

Bem mais complexo é o problema de saber em que termos as normas do direito internacional recebidas *in foro domestico* e as normas de direito supranacional (*in casu*, do direito comunitário)[98] estão sujeitas a fiscalização da constitucionalidade e com que amplitude é que esse controlo pode ser feito pelo Tribunal Constitucional. Compreende-se, por isso, que, no presente *Relatório* – destinado apenas a indicar, em linhas gerais, o programa, os conteúdos e os métodos de ensino da disciplina aqui escolhida –, nos limitemos à mera enunciação daquele problema.

---

[97] A íntima relação entre norma e preceito normativo foi vincada de modo particular no Acórdão n.º 57/95, publicado no *DR*, II Série, de 12 de Abril de 1995.

[98] Segundo Fausto de Quadros, o direito comunitário "é um estádio superior do Direito Internacional Público" e caracteriza-se pelos seguintes quatro principais traços estruturais: o primado do direito comunitário sobre o direito interno; a aplicabilidade do direito comunitário na ordem interna dos Estados; a interpretação teleológica da norma comunitária; e a competência do Tribunal das Comunidades. Cfr. *Direito das Comunidades Europeias e Direito Internacional Público (Contributo para o Estudo da Natureza Jurídica do Direito Comunitário Europeu)*, Coimbra, Almedina, 1991, p. 403 e segs. e 409 e segs.

O artigo 8.º da Constituição estabelece um conjunto de regras e princípios respeitantes à recepção, no direito interno, das normas de outros domínios jurídicos. O n.º 1 daquele artigo determina que "as normas e princípios de direito internacional geral ou comum fazem parte integrante do direito português". Consagra este preceito, quanto ao *direito internacional geral ou comum*, uma cláusula de recepção plena no direito interno. Por sua vez, o n.º 2 do mesmo artigo determina que "as normas constantes de convenções internacionais regularmente ratificadas ou aprovadas vigoram na ordem jurídica interna após a sua publicação oficial e enquanto vincularem internacionalmente o Estado português". Estabelece este preceito, quanto ao *direito internacional convencional*, uma cláusula de recepção automática, embora condicionada, já que a Constituição impõe, para que vigorem na ordem interna, que os tratados e acordos internacionais hajam sido regularmente ratificados ou aprovados, de acordo com as regras constitucionais, e que os mesmos tenham sido oficialmente publicados no *Diário da República*. Por sua vez, o n.º 3 do mesmo artigo estatui que "as normas emanadas dos órgãos competentes das organizações de que Portugal seja parte vigoram directamente na ordem interna, desde que tal se encontre estabelecido nos respectivos tratados constitutivos". É esta uma norma que, sem o dizer expressamente, se reporta ao direito comunitário (*rectius*, ao direito da União Europeia) e que transpõe para o direito constitucional português a regra do "efeito directo" de que beneficiam as normas do direito comunitário derivado [99].

---

[99] A. Gonçalves Pereira/Fausto de Quadros criticam o artigo 8.º, n.º 3, da Constituição, essencialmente por três razões. Primeiro, porque aquele preceito – que não engloba o direito comunitário originário, pois este está contemplado no n.º 2 do artigo 8.º – não consagra, como deveria, o primado supraconstitucional do direito comunitário, pois só se *todo* o direito comunitário prevalecer sobre *todo* o direito interno é que se respeita a natureza própria do direito comunitário. Segundo, porque o mencionado artigo, em rigor, *só atribui primado na ordem interna portuguesa ao regulamento*, e não a todo o direito comunitário, facto que ainda mais amputa e subverte o princípio do primado da ordem jurídica comunitária sobre o direito português. Terceiro, porque o lugar do direito comunitário na hierarquia das fontes do direito português só se encontra consagrado na refe-

A estas normas há que acrescentar, desde a Revisão de 1992, a norma do n.º 6 do artigo 7.º da Constituição – introduzida antes da aprovação parlamentar e da ratificação do Tratado de Maastricht e com vista a tornar esta aprovação e ratificação possíveis –, segundo a qual o nosso país "[...] pode, em condições de reciprocidade, com respeito pelo princípio da subsidiariedade e tendo em vista a realização da coesão económica e social, convencionar o exercício em comum dos poderes necessários à construção da união europeia".

Tendo em conta que, nos termos do artigo 277.º, n.º 1, da Constituição, "são inconstitucionais as normas que infrinjam o disposto na Constituição ou os princípios nela consignados", todas as normas aplicáveis no quadro da ordem jurídica portuguesa, seja qual for a sua origem, e, por isso, também as que provêm da "recepção" de normas de direito internacional, estão sujeitas, em princípio, a controlo de constitucionalidade [100]. Existe, no entanto, relativamente aos tratados internacionais, uma limitação da relevância de certos "vícios", para efeitos de julgamento ou declaração de inconstitucionalidade com força obrigatória geral. Segundo o n.º 2 do artigo 277.º da Constituição, "a inconstitucionalidade orgânica ou formal de tratados internacionais regularmente ratificados não impede a aplicação das suas normas na ordem jurídica portuguesa, desde que tais normas sejam aplicadas na ordem jurídica da outra parte, salvo se tal inconstitucionalidade resultar da violação de uma disposição fundamental" [101].

---

rida norma constitucional de modo indirecto, em termos pouco claros e, sobretudo, em condições de não fácil interpretação no contexto geral da Constituição. Cfr. *Manual de Direito Internacional Público*, 3ª ed., Coimbra, Almedina, 1993, p. 132-138.

[100] Cfr. J. M. Cardoso da Costa, *Le Tribunal Constitutionnel Portugais et les Juridictions Européennes*, in «Protection des Droits de l'Homme: la Perspective Européenne», Mélanges à la Mémoire de Rolv Ryssdall, Köln/Berlin/Bonn//München, Carl Heymanns, 2000, p. 198 e 199, e o *Tribunal Constitucional Português e o Tribunal de Justiça das Comunidades Europeias*, in «AB UNO AD OMNES – 75 Anos da Coimbra Editora 1920-1995», Coimbra, Coimbra Editora, 1998, p. 1367 e 1368.

[101] Sobre a problemática do sentido e alcance deste preceito constitucional,

Quanto ao *direito comunitário derivado* [102], também ele não pode deixar de estar sujeito à verificação da sua conformidade com

---

cfr., por todos, António de Araújo, *Relações entre o Direito Internacional e o Direito Interno – Limitação dos Efeitos do Juízo de Constitucionalidade (A Norma do Artigo 277.º, n.º 2, da CRP)*, in «Estudos de Jurisprudência do Tribunal Constitucional», Lisboa, Aequitas/ Editorial Notícias, 1993, p. 18-35, e J.J. Gomes Canotilho/Vital Moreira, *Constituição da República Portuguesa Anotada*, cit., p. 998 e 999.

[102] A "primazia" do direito comunitário derivado em relação ao direito interno ordinário, nesmo tratando-se de direito posterior, é geralmente aceite pela doutrina e pela jurisprudência, incluindo a do Tribunal Constitucional. A garantia dessa "supremacia" não é, porém, "reservada" ao Tribunal Constitucional, já que a questão da incompatibilidade de uma norma de direito interno com o direito comunitário não é uma questão de inconstitucionalidade que ao Tribunal Constitucional caiba apreciar (cfr., neste sentido, os Acórdãos deste Tribunal n.ºs 326/98 e 621/98, publicados no DR, II Série, de 14 de Julho de 1998 e de 18 de Março de 1999, respectivamente). Com efeito, como realça J. M. Cardoso da Costa, "diferentemente (ou para além) do que sucede na recepção interna do direito internacional convencional em geral, a recepção do direito comunitário envolve (ou envolveu) também a dos mecanismos institucionais que visam especificamente garantir a sua aplicação. Ora, compreendendo a ordem jurídica comunitária – recebida nesses termos «compreensivos» e globais pelo direito português, logo por via de uma cláusula da própria Constituição – uma instância jurisdicional precipuamente vocacionada para a sua mesma tutela (e não só no plano das relações interestaduais ou intergovernamentais), e concentrando ela nessa instância a competência para velar pela aplicação uniforme e pela prevalência das suas normas, seria algo incongruente que se fizesse intervir para o mesmo efeito, e no plano interno, uma outra instância do mesmo ou semelhante tipo (como seria o Tribunal Constitucional)".

O confronto entre normas de direito interno e normas comunitárias – sublinhou o segundo Acórdão do Tribunal Constitucional atrás mencionado – dispõe de um mecanismo específico, que é o processo de questões prejudiciais, habitualmente designado "reenvio prejudicial" (cfr. o artigo 177.º do Tratado da Comunidade Europeia), da competência do Tribunal da Justiça das Comunidades. De facto, a necessidade de interpretação e aplicação uniforme do direito comunitário levou à construção desse importante instrumento de colaboração entre a ordem jurisdicional interna e as instâncias jurisdicionais comunitárias e reservou ao Tribunal das Comunidades o papel de intérprete último da vontade das instituições comunitárias, vertida nas normas de direito derivado. Sobre os contornos desta questão, cfr. J. M. Cardoso da Costa, *Le Tribunal Constitutionnel*, cit., p. 197-202, e o *Tribunal Constitucional Português*, cit., p. 1368-1373.

a Lei Fundamental – questão esta que, no entanto, o Tribunal Constitucional português ainda não foi chamado a apreciar. Todavia, como acentua J. M. Cardoso da Costa, a existência de normas constitucionais específicas sobre o direito comunitário (acima indicadas), bem como o valor ou o interesse da unidade de aplicação do direito comunitário conduzirão ao entendimento de "que a extensão do controlo da constitucionalidade das respectivas normas pelo Tribunal Constitucional português (como, de resto, por outro qualquer tribunal congénere dos Estados membros da União) possa, apesar de tudo, sofrer alguma limitação e restringir-se à averiguação da compatibilidade delas com os princípios informadores e estruturantes fundamentais da respectiva Constituição. Mas disso, pelo menos, ou seja, da salvaguarda, por sua vez, desse «núcleo essencial», «núcleo duro» ou «núcleo infungível» da Constituição nacional, não poderá aquele Tribunal (ou não poderão aqueles tribunais) – assim pensamos – abdicar".

"De todo o modo, ainda aqui – acrescenta o mesmo autor – deverá procurar-se acautelar, se e quanto possível, a «unidade» do ordenamento comunitário. E isso nos leva a pensar também que o Tribunal Constitucional português não deverá avançar para a emissão de um eventual juízo de desconformidade «constitucional» de normas desse ordenamento, sem antes submeter a questão da «interpretação» e mesmo, eventualmente, da «validade» delas ao Tribunal de Justiça das Comunidades, utilizando para tanto o mecanismo do «reenvio prejudicial». Só depois de percorrido este caminho, e na hipótese de através dele se não chegar a um resultado satisfatório, é que aquele primeiro Tribunal deverá exercer, como *ultima ratio*, o seu irrenunciável poder de controlo, para impor, no âmbito da ordem jurídica portuguesa, a primazia desse radical básico de princípios cuja inobservância verdadeiramente a «desfiguraria»"[103].

---

[103] Cfr. as duas obras citadas na nota anterior, p. 203 e 204, e p. 1376 e 1377, respectivamente. Sublinhe-se, a propósito, que o Tribunal Constitucional reconheceu, no Acórdão n.º 163/90 (publicado no *DR*, II Série, de 18 de Outubro de 1991), que a obrigação do "reenvio prejudicial" perante o Tribunal de Justiça das Comunidades da "questão prévia" correspondente vale também para si próprio,

Objecto de controlo da constitucionalidade são também certas *omissões legislativas*. Como já vimos, de harmonia com o artigo 283.º da Constituição, "a requerimento do Presidente da República, do Provedor de Justiça ou, com fundamento em violação de direitos das regiões autónomas, dos presidentes das assembleias legislativas regionais, o Tribunal Constitucional aprecia e verifica o não cumprimento da Constituição por omissão de medidas legislativas necessárias para tornar exequíveis as normas constitucionais". No caso de aquele tribunal verificar a existência de inconstitucionalidade por omissão, dará disso *conhecimento* ao órgão legislativo competente.

A existência de inconstitucionalidade por omissão pressupõe que haja um dever jurídico-constitucional de legislar e só se verifica quando o legislador não cumprir as imposições constitucionais legiferantes. Por outro lado, *existe omissão legislativa*, não só quando faltarem em absoluto as medidas legislativas impostas pela Constituição, mas também quando essas medidas forem incompletas, inadequadas ou inexequíveis em si mesmas.

Têm sido raras as questões de inconstitucionalidade por omissão colocadas pelo Tribunal Constitucional português, o que denota a escassa eficácia prática desta modalidade de fiscalização da constitucionalidade.

Desde 1983 – ano em que o Tribunal Constitucional iniciou as suas funções –, apenas seis processos lhe foram dirigidos. Em quatro deles, o Tribunal Constitucional entendeu que não existia *omissão legislativa* (falta de lei sobre crimes de responsabilidade de titulares de cargos políticos, ausência de lei sobre referendos ou consultas directas dos cidadãos a nível local, "omissão de uma medida legislativa que expressamente determine que as normas dos n.os 2, 3 e 4 do artigo 1110.º do Código Civil são aplicáveis, com as necessárias adaptações, às uniões de facto nos casos em que há filhos menores"

---

quando se coloca a questão da interpretação (ou da validade) e, por conseguinte, da eficácia de uma norma de direito comunitário. Cfr., sobre este ponto, J. L. Cruz Vilaça/ L. M. Pais Antunes/ Nuno Piçarra, *Droit Constitutionnel et Droit Communautaire. Le Cas Portugais*, in «Rivista di Diritto Europeo», Ano XXXI (1991), N.º 2, p. 308-310.

e falta de lei sobre o direito de acção popular) [104]. Noutro, considerou o Tribunal Constitucional que se verificava essa *omissão* (carência de lei sobre garantias dos cidadãos perante a utilização da informática) [105]. Quanto ao outro processo, não chegou o Tribunal a pronunciar-se sobre o pedido [106-107].

Das *omissões legislativas propriamente ditas* há que distinguir as *omissões relativas*, isto é, as resultantes de uma "acção incompleta do legislador", traduzida na omissão parcial da norma que, excluindo uma determinada categoria, infringe o princípio constitucional da igualdade. Estas *omissões relativas*, que respeitam a um certo regime ou preceito legal e decorrem basicamente da sua "incompletude", podem dar origem a uma "inconstitucionalidade por acção", por violação do princípio da igualdade, e não a uma "inconstitucionalidade por omissão", como sucede nas *omissões legislativas em sentido próprio* [108].

Objecto de fiscalização da constitucionalidade são, por último, como já referimos, as *propostas de referendo* nacional, regional e local.

15. Do âmbito da fiscalização da constitucionalidade estão excluídos os actos políticos, os actos administrativos, as decisões

---

[104] Cfr. os Acórdãos n.os 276/89, 36/90, 359/91 e 638/95, publicados no *DR*, II Série, de 12 de Junho de 1989, II Série, de 4 de Junho de 1990, I Série-A, de 15 de Outubro de 1991, e II Série, de 28 de Dezembro de 1995, respectivamente.

[105] Cfr. o Acórdão n.º 182/89, publicado no *DR*, I Série, de 2 de Março de 1989.

[106] Cfr. o Acórdão n.º 9/83, publicado no *DR*, II Série, de 28 de Janeiro de 1984.

[107] Para uma análise do instituto da *inconstitucionalidade por omissão* em Portugal, cfr., por todos, J. J. Fernández Rodríguez, *La Inconstitucionalidad por Omisión en Portugal*, in «Revista de Direito e de Estudos Sociais», Ano XXXVII, 2.ª Série (1995), N.os 1, 2 e 3, p. 265 e segs., e *La Inconstitucionalid por Omision* (*Teoria General, Derecho Comparado, El Caso Español*), Madrid, Civitas, 1998, p. 247-272.

[108] Cfr., sobre este ponto, a nossa obra *A Justiça Constitucional em Portugal e em Espanha*, cit., in «Revista de Legislação e Jurisprudência», Ano 131.º, N.º 3892, p. 201 e 202, e o nosso *Relatório Geral*, cit., p. 73.

jurisdicionais e os actos jurídico-privados. Interessa registar umas breves notas sobre este grupo de actos arredados do controlo de constitucionalidade.

Os *actos políticos* (independentemente de saber qual a sua definição mais rigorosa) não estão sujeitos ao controlo da constitucionalidade arquitectado para as normas jurídicas. A insindicabilidade pelo Tribunal Constitucional dos actos políticos, ainda que sejam contrários à Constituição [109], vem sendo criticada por alguns autores, que vêem nela uma entorse à garantia da observância do princípio da constitucionalidade dos actos do Estado, proclamado no n.º 3 do artigo 3.º da Lei Fundamental. Por isso, alguns autores recomendam o alargamento do controlo da constitucionalidade a todos os actos, mesmo os não normativos, que executem directamente a Constituição [110], neles incluindo certos tipos de actos, ainda que de natureza política, mas para a formação dos quais a Constituição estabelece um procedimento próprio [111].

De igual modo, estão imunes às modalidades e vias processuais de fiscalização da constitucionalidade pensadas para as normas jurídicas os *actos administrativos* de carácter não normativo. Deve sublinhar-se, no entanto, que, no nosso ordenamento jurídico-constitucional, é pacificamente admitida a susceptibilidade de os actos administrativos contidos em lei serem objecto de fiscalização da constitucionalidade, tendo em conta o conceito *formal* e *funcional* de norma adoptado na jurisprudência do Tribunal Constitucional, nos termos acima referidos.

---

[109] Sobre a insindicabilidade pelo Tribunal Constitucional dos actos políticos, cfr., por todos, o mencionado Acórdão do Tribunal Constitucional n.º 195/94, bem como a *Anotação* que sobre o mesmo incidiu de J. J. Gomes Canotilho, in «Revista de Legislação e Jurisprudência», Ano 127.º, N.º 3845, cit., p. 238 e segs.

[110] Cfr. J. J. Gomes Canotilho/ Vital Moreira, *Fundamentos da Constituição*, Coimbra, Coimbra Editora, 1991, p. 258.

[111] Cfr. Licínio Lopes Martins, ob. cit., p. 612-614. Cfr. também Jorge Miranda, *Nos Dez Anos*, cit., p. 101-103, e Vital Moreira, *Princípio da Maioria*, cit., p. 187-189.

As *decisões jurisdicionais* em si mesmas não podem ser objecto de controlo da constitucionalidade pelo Tribunal Constitucional. Tal deve-se à circunstância de o ordenamento jurídico-constitucional português desconhecer um recurso do tipo "recurso de amparo" ou "queixa constitucional". Tal afirmação aplica-se também aos acórdãos do Supremo Tribunal de Justiça, previstos nos artigos 732.°-A e 732.°-B do Código de Processo Civil, que visam a uniformização de jurisprudência, bem como aos "assentos" de pretérito, uma vez que uns e outros não contêm uma orientação vinculante para os tribunais da mesma ordem judicial [112]. E vale também para os acórdãos de fixa-

---

[112] O Tribunal Constitucional, no seu Acórdão n.° 743/96 (publicado no *DR*, I Série-A, de 18 de Julho de 1996), declarou a inconstitucionalidade, com força obrigatória geral, da norma do artigo 2.° do Código Civil, "na parte em que atribui aos tribunais competência para fixar doutrina com força obrigatória geral, por violação do disposto no artigo 115.°, n.° 5, da Constituição" (a que corresponde o artigo 112.°, n.° 6, na versão da Revisão de 1997).

Esta declaração de inconstitucionalidade, com força obrigatória geral, surgiu na sequência de anteriores pronúncias do mesmo Tribunal nesse sentido, iniciadas com o Acórdão n.° 810/93, publicado no *DR*, II Série, de 2 de Fevereiro de 1994.

No seguimento desta jurisprudência, o legislador veio, no artigo 3.° do Decreto-Lei n.° 329-A/95, de 12 de Dezembro, revogar os artigos que regulavam o recurso para o pleno do Supremo Tribunal de Justiça (concretamente, os artigos 763.° a 770.° do Código de Processo Civil). Concomitantemente, regulou, nos novos artigos 732.°-A e 732.°-B do mesmo Código , o "julgamento ampliado da revista", com o objectivo de "assegurar a uniformidade da jurisprudência".

A revogação daqueles artigos 763.° a 770.° do Código de Processo Civil ocorreu em paralelo com a revogação do artigo 2.° do Código Civil, que o artigo 4.°, n.° 2, do mesmo Decreto-Lei n.° 329-A/95 determinou. Ou seja: ocorreu a par da revogação dos assentos, enquanto instrumentos dotados de força vinculativa – força vinculativa esta que, após a prolação do citado Acórdão n.° 743/96, obrigava apenas os tribunais judiciais de 1ª e de 2ª instâncias, na qualidade de tribunais que se integram numa hierarquia que tem na cúpula o Supremo Tribunal de Justiça. Tais assentos, com efeito, já então não constituíam "doutrina com força obrigatória geral", isto é, já não eram fontes de direito, mas apenas directivas interpretativas genéricas, embora dotadas de força vinculativa interna.

Os acórdãos previstos nos novos artigos 732.°-A e 732.°-B, que visam a uniformidade da jurisprudência, passaram a ser obrigatórios apenas nos proces-

ção de jurisprudência, proferidos pelo plenário das secções criminais do Supremo Tribunal de Justiça, dado que não constituem jurisprudência obrigatória para os tribunais judiciais[113]. Mas estão inequi-

_____
sos em que são tirados. Fora dos respectivos processos, têm a autoridade e a força persuasiva que lhes advêm do facto de serem decisões do Supremo Tribunal de Justiça, tiradas num julgamento ampliado de revista, isto é, feito pelo plenário das secções cíveis. Constituem, por isso, meros *precedentes judiciais qualificados*. Como salienta C. Lopes do Rego (cfr. *A Uniformização da Jurisprudência no Novo Direito Processual Civil*, Lisboa, Lex, 1997, p. 19), o seu valor "persuasório" para *toda a comunidade jurídica* "radica na especial autoridade do órgão de que dimana – análogo ao que, entre nós, vem sendo até hoje representado, com resultados perfeitamente satisfatórios no plano prático, pelos acórdãos das secções reunidas do Supremo Tribunal de Justiça, previstos no n.º 3 do artigo 728.º do Código de Processo Civil".

É apenas também esta autoridade e força persuasiva de precedentes judiciais qualificados que, por força do que dispõe o n.º 2 do artigo 17.º do Decreto-Lei n.º 329-A/95, passaram a ter os "assentos de pretérito", isto é, aqueles assentos que foram sendo tirados ao longo dos anos e que se mantinham em vigor no ordenamento jurídico, designadamente por não terem sido revogados, nem declarados inconstitucionais, com força obrigatória geral.

Esta convolação dos "assentos de pretérito" para meros precedentes judiciais qualificados – lembra C. Lopes do Rego – não implica a "irrelevância" da doutrina constante desses assentos, pois que o respeito por ela "será normalmente assegurado pela iniciativa das partes – que não deixarão seguramente de impugnar, por via de recurso, quaisquer decisões que se não conformem com a jurisprudência precedentemente uniformizada –, procurando articular e conciliar a previsibilidade do direito (expressa na uniformalização da jurisprudência) com as exigências de uma interpretação actualista, que obste à indefinida cristalização das correntes jurisprudenciais" (cfr. ob. cit., p. 23 e 24).

Os "assentos" que, nos termos do n.º 3 do citado artigo 17.º do Decreto-Lei n.º 329-A/95 viessem a ser tirados nos recursos para o pleno já interpostos, teriam, de igual modo, apenas o valor de precedentes judiciais qualificados. Teriam – diz o n.º 3 do artigo 17.º – "os efeitos das disposições legais citadas nos números anteriores" (isto é, os efeitos previstos nos novos artigos 732.º-A e 732.º-B). Cfr., sobre isto, o Acórdão do Tribunal Constitucional n.º 575/98, publicado no *DR*, II Série, de 26 de Fevereiro de 1999.

[113] De facto, tais acórdãos têm eficácia no processo em que o recurso foi interposto e nos processos cuja tramitação tiver sido suspensa nos termos do artigo 441.º, n.º 2, do Código de Processo Penal (cfr. o artigo 445.º, n.º 1, deste Código) e não constituem jurisprudência obrigatória para os tribunais judiciais,

vocamente sujeitas a fiscalização de constitucionalidade as decisões dos tribunais que tiverem criado uma norma jurídica, "dentro do espírito do sistema", no uso do poder previsto no artigo 10.º, n.º 3, do Código Civil [114].

Os *actos jurídico-privados*, nomeadamente os negócios jurídicos, não estão submetidos a controlo de constitucionalidade. De igual modo, não podem ser objecto do referido controlo os estatutos das associações privadas, sociedades e cooperativas ou fundações reguladas pelo direito privado. Estão, no entanto, sujeitas ao controlo de constitucionalidade as normas emanadas de sujeitos jurídico-privados, mas no exercício de poderes públicos (as normas emanadas de sociedades ou outras entidades por devolução de poderes de entidades públicas, como, por exemplo, os regulamentos emitidos por concessionários de obras ou de serviços públicos).

Especialmente controversa tem sido, em Portugal, a sujeição, ou não, a controlo de constitucionalidade das convenções colectivas de trabalho, tendo as Secções do Tribunal Constitucional adoptado uma posição divergente sobre este tema [115].

---

embora estes devam fundamentar as divergências relativas à jurisprudência fixada naqueles arestos (cfr. o n.º 3 do artigo 445.º do mesmo Código). Além disso, o Ministério Público recorre obrigatoriamente de quaisquer decisões proferidas contra jurisprudência fixada pelo Supremo Tribunal de Justiça, sendo o recurso sempre admissível (cfr. o n.º 1 do artigo 446.º do Código de Processo Penal).

[114] Exemplo típico de fiscalização pelo Tribunal Constitucional da conformidade com a Constituição de uma norma criada por um Acórdão do Supremo Tribunal de Justiça é o Acórdão do Tribunal Constitucional n.º 264/98, publicado no *DR*, II Série, de 9 de Novembro de 1998. Aí se salientou, *inter alia*, que aquele aresto, *ao formular a norma* sobre os poderes das Relações nos recursos penais, "não estava a *dizer o direito* aplicável ao caso concreto, antes estava, na verdade, a *criar esse direito*; não estava a decidir um litígio, antes a fixar os critérios [...] que lhe permitiriam vir a resolvê-lo num momento ulterior. Isto é, não estava a exercer uma função materialmente jurisdicional" – aspecto este, aliás, bem patente, porquanto ocorreu mesmo numa separação entre a instância criadora da norma (o Supremo Tribunal de Justiça) e a instância que a aplicou, pelo menos num primeiro momento (o Tribunal da Relação de Coimbra).

[115] Sobre esta divergência, cfr., entre outros, os Acórdãos do Tribunal Constitucional n.os 172/93 e 214/94, publicados no *DR*, II Série, de 18 de Junho

16. O *padrão* ou *parâmetro* de fiscalização da "constitucionalidade" há-de ser naturalmente a própria Constituição. Assim, são inconstitucionais as normas jurídicas que violam as "regras" (normas--regras, ainda que programáticas) ou os "princípios" (normas-princípios), "expressos" ou apenas "implícitos", da Constituição. São exemplos, entre outros, de "princípios constitucionais expressos": o da dignidade da pessoa humana (cfr. o artigo 1.º), o do Estado de direito democrático [cfr. os artigos 2.º e 9.º, alínea *b*)], o da universalidade de direitos (cfr. o artigo 12.º), o da igualdade (cfr. o artigo 13.º), o da não retroactividade das leis restritivas de direitos, liberdades e garantias (cfr. o artigo 18.º, n.º 3) e das leis penais e fiscais (cfr. os artigos 29.º, n.º 1, e 103.º, n.º 3), o da imparcialidade da Administração (cfr. o artigo 266.º, n.º 2) e o da proporcionalidade (cfr. os artigos 18.º, n.º 2, 266.º, n.º 2, e 272.º, n.º 2). No conjunto dos "princípios implícitos", contam-se, entre vários, o da proibição da retroactividade das leis, da protecção da confiança e da precisão ou da determinabilidade das leis [princípios densificadores do princípio do Estado de direito democrático[116], consagrado nos artigos 2.º e 9.º, alínea *b*), da Constituição][117].

---

de 1993 e de 19 de Julho de 1994, respectivamente. Cfr. também Licínio Lopes Martins, ob. cit., p. 616-627, e a bibliografia aí citada.

[116] Para uma síntese das *dimensões essenciais* do Estado de direito (este vive sob o império do direito, é um Estado de direitos fundamentais, observa o princípio da justa medida, garante o princípio da legalidade da Administração, responde pelos seus actos, garante a via judiciária e dá segurança e confiança às pessoas), cfr. J. J. Gomes Canotilho, *Estado de Direito*, Lisboa, Gradiva, 1999, p. 49-77.

[117] O artigo 204.º da Constituição estabelece que "nos feitos submetidos a julgamento não podem os tribunais aplicar normas que infrinjam o disposto na Constituição ou os princípios nela consignados". Por seu lado, o artigo 277.º, n.º 1, da Lei Fundamental determina que "são inconstitucionais as normas que infrinjam o disposto na Constituição ou os princípios nela consignados". Por fim, o artigo 290.º, n.º 2, do mesmo Diploma Básico prescreve que "o direito ordinário anterior à entrada em vigor da Constituição mantém-se, desde que não seja contrário à Constituição ou aos princípios nela consignados".

Das expressões utilizadas nestes três preceitos resulta claramente que a Lei Fundamental considera inconstitucionais as normas de direito ordinário que violarem as normas da Constituição, isto é, as suas *regras* e os seus *princípios*. Entendemos, assim, na linha do que defendem R. Dworkin, R. Alexy, J. J. Gomes Canotilho e Jorge Miranda, que a estrutura das normas constitucionais é integrada por *regras* (*rules, regeln*) e *princípios* (*principles, Prinzipien*) – distinção esta que é mais rigorosa do que a separação feita pela teoria da metodologia jurídica tradicional entre *normas* e *princípios* (separação essa que nos aparece, ainda, por exemplo, nos artigos 51.º, n.ºˢ 1 e 5, e 79.º-C da Lei do Tribunal Constitucional). Com efeito, como salienta R. Alexy, as *regras* e os *princípios* são duas espécies de normas, uma vez que ambos "dizem o que deve ser", podem ser formulados "com a ajuda das expressões deônticas básicas da imposição, da permissão e da proibição", sendo, por isso, "a distinção entre regras e princípios também uma distinção entre duas espécies de normas" (cfr. ob. cit., p. 72. Cfr., no mesmo sentido, J. J. Gomes Canotilho, *Direito Constitucional*, cit., p. 1086, e Jorge Miranda, *Manual de Direito Constitucional*, Tomo II, 4ª ed., cit., p. 226 e 227).

São numerosos os critérios de distinção entre *regras* e *princípios* (para uma sinopse de alguns desses critérios, cfr. J. J. Gomes Canotilho, *Direito Constitucional*, cit., p. 1086 e 1087, e R. Alexy, ob. cit., p. 73-75). O critério mais adequado parece ser, no entanto, o que procura uma *distinção qualitativa* entre as *regras* e os *princípios* constitucionais. Assim, seguindo de perto R. Dworkin, R. Alexy e J. J. Gomes Canotilho, poderemos apontar as seguintes diferenças qualitativas entre aqueles dois tipos de normas constitucionais. Em primeiro lugar, os *princípios* são normas *impositivas de optimização* (*Optimierungsgebote*), que se caracterizam pelo facto de poderem ser cumpridos em diferente grau e de a medida devida do seu cumprimento depender não só das possibilidades reais, mas também das jurídicas (cfr. R. Alexy, ob. cit., p. 75 e 76, e J. J. Gomes Canotilho, *Direito Constitucional*, cit., p. 1087). As *regras*, ao invés, são normas que estabelecem exigências (impõem, permitem ou proíbem) que são ou não cumpridas. Como realça R. Dworkin, a diferença entre *princípios* e *regras* é uma distinção lógica. Ambos são "«standards» que apontam para decisões particulares respeitantes à obrigação jurídica em determinadas circunstâncias, mas diferem no carácter da directiva que dão. As regras são aplicáveis de acordo com uma lógica de tudo ou nada (*applicable in an all-or-nothing fashion*). Se os factos que estipula uma regra estão dados, então ou a regra é válida, devendo nesse caso a resposta que ela dá ser aceite, ou não o é, e então em tal caso ela não interessa nada para a decisão" (cfr. *Taking Rights Seriously*, cit., p. 24). De modo bastante próximo, R. Alexy acentua que "as *regras* são normas que só podem ser cumpridas ou não. Se uma regra é válida, então deve fazer-se exactamente o que ela exige, nem mais nem menos. Por isso, as regras contêm *determinações* (*Festsetzungen*) no âmbito do fáctica e juridicamente possível" (cfr. ob. cit., p. 76).

Em segundo lugar, como sublinha J. J. Gomes Canotilho, a convivência dos princípios é *conflitual*, ao passo que a convivência de regras é *antinómica* (cfr. ob. e loc. cits.). Significa isto que as *colisões* entre *regras* e as *colisões* entre *princípios* são solucionadas de modo diferente. O conflito de regras só pode ser resolvido por uma das seguintes vias: introduzindo numa das regras uma cláusula de excepção que elimina o conflito; declarando inválida, pelo menos, uma das regras; através da aplicação de regras como "lex posterior derogat legi priori" e "lex specialis derogat legi generali"; ou, finalmente, com base na importância das regras em conflito. De qualquer modo, como salientam os autores em que nos estamos a inspirar, a decisão sobre colisões entre regras é sempre uma decisão acerca da validade de uma delas (cfr. R. Alexy, ob. cit., p. 77 e 78; R. Dworkin, ob. cit., p. 26 e 27; e J. J. Gomes Canotilho, ob. e loc. cits.). Diversamente, a colisão entre princípios só pode ser resolvida com base na *dimensão do peso ou da importância* (*the dimension of weight or importance; Dimension des Gewichts*) dos princípios conflituantes, o que significa que os bens ou valores que eles exprimem devem ser objecto de ponderação ou de harmonização (cfr. R. Dworkin, ob. e loc. cits.; R. Alexy, ob. cit., p. 78 e 79; e J. J. Gomes Canotilho, ob. cit., p. 1087 e 1088).

Em terceiro lugar, na medida em que os *princípios* determinam que algo deve ser realizado na maior medida possível, tendo em conta as possibilidades jurídicas e fácticas – determinação essa que, nas palavras de R. Dworkin (cfr. ob. cit., p. 22), "é uma exigência da justiça, da equidade ou de qualquer outra dimensão da moralidade" (*a requeriment of justice or fairness or some other dimension of morality*) –, não contêm os mesmos *mandatos definitivos*, mas apenas *prima facie* (*keine definitiven, sondern nur prima facie-Gebote*). As razões que os princípios apresentam são também tão-só *razões prima facie* (*prima facie-Gründe*). Diferentemente, *as regras*, na medida em que exigem que se faça exactamente o que elas ordenam, contêm *mandatos definitivos* e, a menos que se tenha estabelecido uma excepção, apresentam *razões definitivas* (*definitive Gründe*). Cfr. R. Alexy, ob. cit., p. 87-92.

A noção de *regras* e *princípios* que vem de ser apresentada [cfr., porém, numa perspectiva diferente da aqui considerada, A. Castanheira Neves, que define *norma* como "a expressão de um dever-ser racional (ou com uma qualquer pretensão de objectiva racionalidade), referido a uma *veritas-ratio*", e *regra* como "uma directiva para a acção, qualquer tipo de acção, que nem se funda numa específica racionalidade ou a exprime (como a norma), nem é imposta por um poder (como o imperativo), mas traduz uma mera convencionalidade e na prescritibilidade dela resultante, esgota-se", sendo, por isso, "a expressão de um regulativo convencional, referido a um qualquer *consensus* de auto-determinação" – *Teoria do Direito*, Lições proferidas no Ano Lectivo de 1998/1999, Coimbra, 1998, p. 76-88) permite-nos compreender a Constituição como um *sistema aberto de regras e princípios* (cfr. J. J. Gomes Canotilho, *Direito Constitucional*, cit., p.

1088-1090; e R. Alexy, ob. cit., p. 117-125) e não como um *modelo ou sistema baseado exclusivamente em regras ou em princípios* (*das reine Regelmodell* ou *das reine Prinzipienmodell*). O modelo ou sistema de regras e princípios (*Das Regel/ /Prinzipien-Modell*) é aquele que dá o devido relevo não só às regras escritas da Constituição e, consequentemente, aos valores da previsibilidade e da segurança jurídica que lhe estão associados, mas também às valorizações e ponderações e às aberturas constitucionais trazidas pelos *princípios*. Como sublinha J. J. Gomes Canotilho, "qualquer sistema jurídico carece de *regras* jurídicas: a constituição, por ex., deve fixar a maioridade para efeitos de determinação da capacidade eleitoral activa e passiva, sendo impensável fazer funcionar aqui uma exigência de optimização: um cidadão é ou não é maior aos 18 anos para efeito de direito de sufrágio; um cidadão «só pode ter direito à vida». Contudo, o sistema jurídico necessita de *princípios* (ou os valores que eles exprimem) como os da liberdade, igualdade, dignidade, democracia, Estado de direito; são exigências de optimização abertas a várias concordâncias, ponderações, compromissos e conflitos. Em virtude da sua «referência» a valores ou da sua relevância ou proximidade axiológica (da «justiça», da «ideia de direito», dos «fins de uma comunidade»), os princípios têm uma *função normogenética* e uma *função sistémica*: são o fundamento das regras jurídicas e têm uma *idoneidade irradiante* que lhes permite «ligar» ou cimentar objectivamente todo o sistema constitucional. Compreende-se, assim, que as «regras» e os «princípios», para serem activamente operantes, necessitem de *procedimentos* e *processos* que lhes dêem operacionalidade prática (Alexy: *Regel/ Prinzipien/Prozedur-Modell des Rechtssystems*): o direito constitucional é um sistema aberto de normas e princípios que, através de processos judiciais, procedimentos legislativos e administrativos, iniciativas dos cidadãos, passa de uma *law in the books* para uma *law in action*, para uma «*living constitution*»" (cfr. *Direito Constitucional*, cit., p. 1088 e 1089).

Para concluir, é conveniente salientar que são inúmeras as decisões "principialistas" do Tribunal Constitucional, isto é, que se fundamentam no manejo de *princípios constitucionais*, sejam eles *expressos*, como os princípios da igualdade e da proporcionalidade, ou *implícitos* em outros princípios (como o "princípio da protecção da confiança", ínsito no princípio do Estado de direito democrático – cfr., sobre este ponto, *inter alia*, os Acórdãos n.os 287/90, 303/90, 339/90, 352/91 e 237/98, publicados no *DR*, II Série, de 20 de Fevereiro de 1991, I Série, de 26 de Dezembro de 1990, II Série, de 17 de Junho de 1991, II Série, de 17 de Dezembro de 1991 e II Série, de 17 de Junho de 1998, respectivamente), ou *implícitos* no texto da Constituição, designadamente em um ou em vários dos seus preceitos [cfr., à guisa de exemplo, o Acórdão n.º 709/97, publicado no *DR*, I Série-A, de 20 de Janeiro de 1998, que, entre o mais, se pronunciou pela inconstitucionalidade

Problemática é a questão de saber se os *Tratados Internacionais, Convenções ou Pactos Internacionais de carácter geral ou regional em matéria de direitos do homem* são também *padrão de controlo* da constitucionalidade de normas jurídicas. Interessa-nos sobretudo considerar aqui a "Declaração Universal dos Direitos do Homem" e a "Convenção Europeia dos Direitos do Homem".

---

da norma do n.º 2 do artigo 11.º do Decreto n.º 190/VII, aprovado em 9 de Outubro de 1997, pela Assembleia da República, subordinado ao título "Lei de Criação das Regiões Administrativas", com o fundamento de que a alteração de limites territoriais das regiões tem que, a mais que uma lei orgânica, comportar uma consulta directa, a realizar depois da feitura da lei orgânica que altere esses limites, por imposição do *princípio que emerge* dos artigos 255.º e 256.º da Constituição – consulta essa que, em regra, bastará que tenha uma dimensão local, mas nalguns casos (precisamente naqueles em que as alterações de limites consubstanciem uma verdadeira substituição do "modelo" de regionalização inicial ou anteriormente adoptado por um outro, em termos de dever entender-se razoavelmente que importem, afinal, ao conjunto nacional), haverá de exigir-se que assuma um âmbito nacional. Cfr. a *Anotação* de J. J. Gomes Canotilho àquele aresto, in «Revista de Legislação e Jurisprudência», Ano 130.º, N.º 3882, p. 283-288].

Acresce que o Tribunal Constitucional tem-se defrontado com variadíssimas situações de *colisões* entre *princípios* constitucionais, procedendo, nesses casos, a uma *ponderação* ou *harmonização* dos bens ou interesses subjacentes aos princípios colidentes (veja-se, entre múltiplos exemplos que poderíamos dar, a *ponderação* feita no Acórdão n.º 349/91, publicado no *DR*, II Série, de 2 de Dezembro de 1991, entre "a garantia de uma sobrevivência minimamente digna" do pensionista, traduzida na impenhorabilidade das prestações devidas pelas instituições de segurança social, consagrada na norma do artigo 45.º, n.º 1, da Lei n.º 28/84, de 14 de Agosto – garantia que se extrai do princípio da *dignidade da pessoa humana*, condensado no artigo 1.º da Constituição –, e "a garantia constitucional do credor a ver satisfeito o seu crédito" – a qual vai implicada no artigo n.º 62.º, n.º 1, da Constituição –, *ponderação* essa que levou aquele Tribunal a afirmar que a referida norma da Lei n.º 28/84 não é inconstitucional, "quando, como ocorre no caso *sub judicio*, a pensão que o executado percebia, tendo em conta o seu montante e o período histórico em que ela estava a ser paga, deva ser entendida como cumprindo efectivamente a função inilidível de garantia de uma *sobrevivência minimamente digna* do beneficiário", mas já o será, no entanto, no segmento ou dimensão daquela norma "em que se estende a aplicação do princípio da *impenhorabilidade total* às prestações devidas pelas instituições de segurança social, cujo montante *ultrapasse manifestamente* aquele mínimo entendido como necessário para garantia de uma sobrevivência digna do pensionista").

No que respeita ao relevo constitucional das Convenções Internacionais que contenham normas relativas a direitos fundamentais, o artigo 16.º, n.º 1, da Constituição determina que "os direitos fundamentais consagrados na Constituição não excluem quaisquer outros constantes das leis e das regras aplicáveis de direito internacional". E o n.º 2 do mesmo artigo estabelece que "os preceitos constitucionais e legais relativos aos direitos fundamentais devem ser interpretados e integrados de harmonia com a Declaração Universal dos Direitos do Homem". Consagra o n.º 1 do artigo 16.º o princípio da "cláusula aberta" ou da "lista aberta" dos direitos fundamentais [118]. Com base nesta disposição constitucional, fala-se de um "sentido material dos direitos fundamentais", traduzido no reconhecimento de que estes não são apenas os que as normas formalmente constitucionais enunciam, mas também os provenientes de outras fontes, na perspectiva mais ampla da Constituição material [119].

Por sua vez, de acordo com o n.º 2 do artigo 16.º da Constituição, a Declaração Universal dos Direitos do Homem desempenha um papel condutor na interpretação e integração dos preceitos rela-

---

[118] Cfr. António Vitorino, *Rapport de la Délégation Portugaise à la IXe Conférence des Cours Constitutionnelles Européennes*, in «Protection Constitutionnelle et Protection Internationale des Droits de l'Homme: Concurrence ou Complementarité ?», Vol. I, Paris, 1993, p. 485, 486 e 505.

[119] Cfr. Jorge Miranda, *Manual de Direito Constitucional*, Tomo IV, 3ª ed., Coimbra, Coimbra Editora, 2000, p. 162, e *A Abertura Constitucional a Novos Direitos Fundamentais*, in «Estudos em Homenagem ao Professor Doutor Manuel Gomes da Silva», Coimbra, Coimbra Editora, 2001, p. 559.

Como sublinha este constitucionalista, o artigo 16.º, n.º 1, da Constituição, enquanto *cláusula aberta* ou de *não tipicidade* de direitos fundamentais, legitima a consideração como direitos fundamentais de todos os direitos, individuais ou institucionais, negativos ou positivos, materiais ou procedimentais, provenientes de leis ou de convenções internacionais (ou aditados pela jurisprudência constitucional), desde que, "pela sua finalidade ou pela sua *fundamentalidade*, pela conjugação com direitos fundamentais formais, pela natureza *análoga* à destes (cfr. ainda o art. 17.º), ou pela sua decorrência imediata de princípios constitucionais, se situem a nível da Constituição material" (cfr. *A Abertura Constitucional a Novos Direitos Fundamentais*, cit., p. 568-571).

tivos aos direitos fundamentais [120]. O sentido do *princípio de interpretação e de integração* dos preceitos respeitantes aos direitos fundamentais em conformidade com a Declaração Universal dos Direitos do Homem não é isento de dúvidas. Segundo J. J. Gomes Canotilho/ /Vital Moreira, o alcance útil daquele princípio é o seguinte: no caso de polissemia ou plurissignificação de uma norma constitucional de direitos fundamentais, deve dar-se preferência àquele sentido que permita uma interpretação conforme à Declaração Universal; na "densificação" dos conceitos constitucionais relativamente indeterminados referentes a direitos fundamentais (por exemplo, dignidade da pessoa humana, direito de asilo, direito a existência digna) deve recorrer-se ao sentido desses conceitos na Declaração Universal, salvo se esse sentido for *contra constitutionem*; a Declaração Universal serve também de parâmetro de integração das normas constitucionais e legais relativas a direitos fundamentais, quer se trate de lacunas de previsão de certos direitos, quer de lacunas de regulamentação; a Declaração Universal não pode fundamentar restrições de direitos fundamentais não constitucionalmente admitidas [121].

Tendo em conta o valor que o artigo 16.º, n.º 2, da Constituição confere à Declaração Universal dos Direitos do Homem, deve entender-se que este documento jurídico internacional funciona como "parâmetro exterior" de validade constitucional das normas legais sobre direitos fundamentais [122]. Já quanto às restantes con-

---

[120] Cfr. J. C. Vieira de Andrade, *Os Direitos Fundamentais na Constituição Portuguesa de 1976*, Coimbra, Almedina, 1987, p. 37-39, e António Vitorino, ob. cit., p. 505.

[121] Cfr. *Constituição da República Portuguesa Anotada*, cit., p. 138 e 139. Cfr. também J. C. Vieira de Andrade, ob. cit., p. 38.

[122] No sentido de que a Declaração Universal dos Direitos do Homem constitui um *parâmetro directo* para a emissão de um juízo de "(in)constitucionalidade", cfr. o Acórdão do Tribunal Constitucional n.º 222/90, publicado no *DR*, II Série, de 17 de Setembro de 1990.

A doutrina portuguesa vem debatendo vivamente dois pontos específicos respeitantes ao valor jurídico-constitucional da Declaração Universal dos Direitos do Homem.

O primeiro relaciona-se com o enquadramento da Declaração Universal no âmbito da hierarquia das fontes normativas, tendo em conta a relevância constitucional que lhe é conferida pelo artigo 16.º, n.º 2, da Constituição. Uma primeira posição considera que da alusão feita neste preceito constitucional não resulta qualquer efeito específico de constitucionalização. Aquela Declaração Universal *não assume a natureza de direito constitucional*, visto que a Constituição não efectua uma recepção daquele documento enquanto tal, antes remete para ele como parâmetro exterior, numa perspectiva ampliativa e garantística do sistema de direitos fundamentais, não fazendo parte das normas formalmente constitucionais (cfr., neste sentido, J. J. Gomes Canotilho/Vital Moreira, *Constituição da República Portuguesa Anotada*, cit., p. 138). Uma segunda concepção, baseando-se na *fórmula constitucional* que determina a interpretação e a integração dos preceitos relativos aos direitos fundamentais "de harmonia" com a Declaração Universal, entende que a Constituição tem de harmonizar-se com este documento internacional, tendo, por isso, o mesmo um valor *supra-constitucional* (vai neste sentido a tese de A. Rodrigues Queiró, ao considerar que o legislador constituinte deu primazia à Declaração, "pelo menos se e quando esta seja mais aberta, generosa e liberal que a nossa Constituição" – cfr. *Lições*, cit., p. 326; na mesma linha se situa a opinião de Paulo Otero, que defende uma prevalência global da Declaração Universal sobre a Constituição, mas afirmando que tal se verifica mesmo que aquela seja menos favorável aos direitos fundamentais dos cidadãos – cfr. *Declaração Universal dos Direitos do Homem e Constituição: A Inconstitucionalidade de Normas Constitucionais?*, in «O Direito», 1990, III-IV, Julho-Dezembro, p. 610). Uma terceira concepção equipara a força jurídica da Declaração Universal à das *normas formalmente constitucionais*, afirmando que o facto de a Constituição apelar para as funções interpretativa e integrativa daquele documento significa a recepção do mesmo no conjunto do ordenamento constitucional português, passando a fazer parte dele (cfr., neste sentido, Jorge Miranda, *Manual de Direito Constitucional*, Tomo II, 4ª ed., Coimbra, Coimbra Editora, 2000, p. 37-40). E, por último, uma quarta posição que atribui à relevância constitucional da Declaração Universal dos Direitos do Homem "um cariz eminentemente funcional, na medida em que a respectiva incorporação não é feita em bloco ou por conjuntos normativos", antes é "substancialmente aferida pelo tipo de ajuda que pode dar ao texto constitucional em termos interpretativos e integrativos". Ainda de acordo com esta última concepção, aquele documento "não vale sempre o mesmo e em toda a sua extensão", apresenta-se, ao invés, "com uma relevância constitucional móvel e flexível, variando segundo os pontos de vista e as perspectivas de análise, se e na medida em que possa desempenhar essas peculiares funções hermenêuticas" (cfr., neste linha, Jorge Bacelar de Gouveia, *A Declaração*

venções e pactos internacionais, de carácter geral ou regional, em matéria de direitos do homem (aqui se incluindo a Convenção Europeia dos Direitos do Homem e os seus Protocolos Adicionais), dado que não são expressamente contemplados na Constituição, deve considerar-se que não têm valor constitucional e, por isso, não podem servir de parâmetro aferidor da constitucionalidade dos actos normativos internos, não obstante o n.º 1 do artigo 16.º da Constituição consagrar uma perspectiva aberta dos direitos fundamentais [123]. Daí

Universal dos Direitos do Homem e a Constituição Portuguesa, in «Estudos de Direito Público», Vol. I, Lisboa, Principia, 2000, p. 72 e 73).

O segundo ponto reporta-se à questão de saber se, atentas as funções interpretativo-densificante e integrativo-complementadora exercidas pela Declaração Universal em relação aos preceitos constitucionais respeitantes aos direitos fundamentais (cfr. Jorge Bacelar de Gouveia, ob. cit., p. 55-65), pode aquele documento internacional levar a um resultado menos favorável aos cidadãos no domínio da protecção dos direitos fundamentais ou se, pelo contrário, só é admissível o recurso àquela Declaração Universal para a obtenção de resultados mais favoráveis do que aqueles que, de outro modo, seriam alcançados. Se há quem defenda a possibilidade de o apelo à Declaração Universal, *ex vi* do artigo 16.º, n.º 2, da Constituição, conduzir a uma interpretação menos favorável aos direitos fundamentais dos cidadãos do que a interpretação "endógena" da Constituição (é o caso de Paulo Otero, ob. e loc. cits., e, de certo modo, a posição de Jorge Bacelar de Gouveia, quando afirma que não se deve limitar, "de uma perspectiva teleológica, a acção interpretativa da Declaração Universal" e que esta "não tem de ser necessariamente concebida para favorecer os cidadãos" – cfr. ob. cit., p. 62), a maioria dos juspublicistas entende que o recurso à Declaração Universal, em consequência do disposto no artigo 16.º, n.º 2, da Constituição, serve para reforçar a consistência e alargar o âmbito dos direitos fundamentais, não para os diminuir ou restringir (assim, A. Rodrigues Queiró, ob. e loc. cits.; Jorge Miranda, *Manual de Direito Constitucional*, Tomo II, cit., p. 39 e 40; e J. J. Gomes Canotilho/Vital Moreira, *Constituição da República Portuguesa Anotada*, cit., p. 139). Todavia, uma tal questão é, como sublinham J. J. Gomes Canotilho/Vital Moreira (cfr. *Constituição da República Portuguesa Anotada*, cit., p. 138), "praticamente irrelevante, pois a Constituição não só consumiu a Declaração – sendo muitas das disposições constitucionais reprodução textual, ou quase textual, de disposições daquela – mas também inclui direitos não referidos na Declaração".

[123] Sobre o valor infra-constitucional e supra-legal da Convenção Europeia dos Direitos do Homem, cfr. R. Moura Ramos, *A Convenção Europeia dos Direitos do Homem (Sua Posição Face ao Ordenamento Jurídico Português)*, in «Da

que o Tribunal Constitucional não considere, por exemplo, a Convenção Europeia dos Direitos do Homem como integrando de forma *autónoma* e *directa* o "bloco de constitucionalidade" e, por isso, como critério de julgamento de constitucionalidade, embora lhe reconheça um importante papel de "fonte auxiliar" na interpretação, na clarificação e mesmo no desenvolvimento do conteúdo dos preceitos e dos princípios constitucionais respeitantes aos direitos fundamentais [124].

Integram ainda o "bloco de constitucionalidade" e, por isso, funcionam como *padrão de controlo* de constitucionalidade as denominadas *normas interpostas*, isto é, normas que não têm valor constitucional, mas que servem como parâmetro aferidor da validade constitucional de outras normas jurídicas, por força ou em ligação com regras e princípios da Constituição. São exemplos, entre nós, de "normas interpostas" as leis de autorização legislativa e as leis que aprovam as bases gerais dos regimes jurídicos, que servem de parâmetros de validade constitucional dos decretos-leis autorizados

---

Comunidade Internacional e do Seu Direito (Estudos de Direito Internacional Público e Relações Internacionais)», Coimbra, Coimbra Editora, 1996, p. 55-61.

[124] Cfr. J. M. Cardoso da Costa, *Le Tribunal Constitutionnel*, cit., p. 209, e António Vitorino, ob. e loc. cits. Vários são os arestos do Tribunal Constitucional que se referem expressamente à Convenção Europeia dos Direitos do Homem e aos seus Protocolos Adicionais como "elemento coadjuvante da clarificação do sentido e alcance" das regras e princípios constitucionais e não "como padrão autónomo de um juízo de constitucionalidade" (cfr., *inter alia*, os Acórdãos n.os 124/90, 186/92, 322/93, 935/96 e 597/99, publicados no *DR*, II Série, de 8 de Fevereiro de 1991, de 18 de Setembro de 1992, de 29 de Outubro de 1993, de 11 de Dezembro de 1996 e de 22 de Fevereiro de 2000, respectivamente). Além disso, é frequente o recurso à jurisprudência do Tribunal Europeu dos Direitos do Homem como apoio às soluções adoptadas pelo Tribunal Constitucional português em matéria de direitos fundamentais, fenómeno que testemunha uma convergência entre aqueles Tribunais na protecção dos direitos fundamentais. Vejam-se, a título de exemplo, o citado Acórdão n.º 935/96 e os Acórdãos n.os 222/90, 547/98, 345/99, 412/2000 e 157/2001, publicados os primeiros quatro no *DR*, II Série, de 12 de Setembro de 1990, de 9 de Março de 1999, de 17 de Fevereiro de 2000 e de 21 de Novembro de 2000, respectivamente, e o último no *DR*, I Série-A, de 10 de Maio de 2001.

e dos decretos-leis que desenvolvam aquelas bases gerais [cfr. o artigo 112.º, n.º 2, da Constituição]. De facto, os decretos-leis emitidos ao abrigo de uma lei de autorização legislativa que não respeitem o *objecto*, o *sentido*, a *extensão* e a *duração* da autorização são organicamente inconstitucionais (cfr. o artigo 165.º, n.º 2, da Lei Fundamental). O mesmo vale para os decretos-leis de desenvolvimento que modifiquem, derroguem ou revoguem algum dos *princípios básicos* ou *fundamentais* constantes das leis que contenham as bases gerais dos regimes jurídicos. E a mesma doutrina é aplicável aos decretos legislativos regionais alicerçados em lei de autorização da Assembleia da República, nos termos do artigo 227.º, n.os 1, alínea *b*), 2, 3, e 4, da Constituição [125].

Diferentes das que vêm de ser referidas são as *leis de hierarquia superior a outras leis*, que funcionam como *padrão* ou *parâmetro* de fiscalização jurisdicional da *legalidade* destas, como sucede com as *leis de valor reforçado* (que abrangem as leis orgânicas, as leis que carecem de aprovação por maioria de dois terços, bem como aquelas que, por força da Constituição, sejam pressuposto normativo necessário de outras leis ou que por outras devam ser respeitadas) e as *leis gerais da República*, estas em face dos decretos legislativos regionais, salvo os credenciados em lei de autorização legislativa da Assembleia da República (cfr. o artigo 112.º, n.os 3, 4 e 5, da Constituição).

17. A fiscalização da constitucionalidade de normas jurídicas, no que se refere aos *momentos* em que ela tem lugar, pode ser de carácter *preventivo* ou *"a priori"*, se ocorrer antes do início da vigência das normas jurídicas, ou de carácter *sucessivo* ou *"a posteriori"*, se se verificar após as normas terem passado a fazer parte do ordenamento jurídico. Este último pode ser um controlo *abstracto, directo, por via principal* ou *por via de acção*, quando tem lugar independentemente da aplicação da norma a um caso, ou um controlo *concreto* ou *incidental*, quando ocorre a propósito dessa aplicação.

---

[125] Cfr., sobre o problema das "normas interpostas", a nossa obra *Relatório Geral*, cit., p. 77 e 78.

18. No que respeita aos *modos de controlo*, surge-nos, em primeiro lugar, o *controlo abstracto prévio*. São notas essenciais do *controlo abstracto prévio* ou *controlo preventivo*: podem ser objecto de fiscalização preventiva da constitucionalidade todos os diplomas com valor legislativo ou equiparado (tratados e acordos internacionais, leis, decretos-leis, decretos-legislativos regionais e decretos regulamentares de lei geral da República); a legitimidade para requerer a fiscalização preventiva pertence ao Presidente da República (quanto aos tratados internacionais que lhe sejam enviados para ratificação, aos decretos que lhe sejam remetidos para promulgação como lei ou decreto-lei e aos acordos internacionais cujo decreto lhe seja enviado para assinatura), aos Ministros da República dos Açores e da Madeira (quanto aos decretos legislativos regionais e aos decretos regulamentares de leis gerais da República) e ao Primeiro-Ministro e a um quinto dos deputados à Assembleia da República em efectividade de funções, tratando-se de leis orgânicas; o prazo para requerer a fiscalização preventiva é de oito dias (prazo contínuo), a contar da data da recepção do diploma pelo Presidente da República ou pelo Ministro da República; quanto à tramitação, a entidade requerente deve indicar as normas que pretende que o tribunal aprecie (objecto do pedido) e especificar as normas ou princípios constitucionais que considere violados, só podendo o Tribunal pronunciar-se sobre as normas constantes do objecto do pedido, embora possa fundamentar a pronúncia de inconstitucionalidade na violação de normas ou princípios constitucionais diversos daqueles cuja infracção foi invocada; a competência pertence ao Plenário do Tribunal Constitucional; no caso de o Tribunal Constitucional não se pronunciar pela inconstitucionalidade do diploma, deverá o Presidente da República promulgar ou o Ministro da República assinar os decretos em causa, se não exercerem o direito de veto político, mas no caso de o mesmo tribunal se pronunciar pela inconstitucionalidade constante de qualquer decreto ou acordo internacional, deve o diploma ser obrigatoriamente vetado pelo Presidente da República ou pelo Ministro da República, não podendo o decreto vetado por inconstitucionalidade ser promulgado ou assinado sem que o órgão

que o tiver aprovado expurgue a norma tida por inconstitucional ou, quando for caso disso, o confirme por maioria de dois terços dos Deputados presentes, desde que superior à maioria absoluta dos deputados em efectividade de funções (cfr. os artigos 278.º e 279.º da Constituição e os artigos 51.º a 61.º da Lei do Tribunal Constitucional).

Nos *modos de controlo*, aparece-nos, em segundo lugar, o *controlo abstracto sucessivo directo, por via principal* ou *por via de acção*. São as seguintes as características fundamentais desta modalidade de fiscalização da constitucionalidade de normas jurídicas: incide sobre "quaisquer normas jurídicas" já em vigor; apenas um número restrito de entidades indicado na Constituição tem legitimidade para requerer aquela fiscalização: [o Presidente da República; o Presidente da Assembleia da República; o Primeiro-Ministro; o Provedor de Justiça; o Procurador-Geral da República; um décimo dos Deputados à Assembleia da República; os Ministros da República, as assembleias legislativas regionais, os presidentes destas assembleias, os presidentes dos governos regionais ou um décimo dos deputados à respectiva assembleia legislativa regional, "quando o pedido de declaração de inconstitucionalidade se fundar em violação dos direitos das regiões autónomas"; e os representantes do Ministério Público junto do Tribunal Constitucional ou qualquer dos juízes do Tribunal, nos processos em que este apreciar e declarar, com força obrigatória geral, a inconstitucionalidade (ou a ilegalidade, nos casos em que pode fazê-lo) de qualquer norma, desde que tenha sido por ele julgada inconstitucional (ou ilegal) em três casos concretos, em processos de fiscalização concreta][126-127];

---

[126] Resulta, assim, do exposto no texto que o nosso ordenamento jurídico-constitucional rejeita, no domínio do controlo abstracto sucessivo por via de acção da constitucionalidade de normas jurídicas, a *acção popular de inconstitucionalidade*, que nos aparece nos ordenamentos jurídicos de vários países latino-americanos (v.g., Guatemala, El Salvador, Colômbia e Venezuela), nos termos da qual qualquer pessoa humana ou jurídica que se encontre no pleno gozo dos seus direitos pode solicitar ao Tribunal Constitucional (ou Tribunal similar) a apreciação e a declaração da inconstitucionalidade, com eficácia *erga omnes*, de qualquer norma jurídica (cfr., para mais desenvolvimentos, a nossa obra *Relatório Geral*, cit., p. 85).

No processo de revisão constitucional ocorrido em 1997, foram apresentados projectos com vista à ampliação do elenco de entidades com legitimidade para requerer a fiscalização abstracta sucessiva da constitucionalidade de normas jurídicas, tais como um determinado número de cidadãos eleitores [5.000, no projecto do Partido Socialista (PS), e 10.000, no projecto do Partido Comunista Português (PCP)], os grupos parlamentares (projecto do PCP) ou mesmo o "Bastonário da Ordem dos Advogados, mediante deliberação do Conselho Geral da Ordem" [projecto dos Deputados do Partido Social Democrata (PSD) Guilherme Silva, Correia de Jesus e Hugo Velosa, e projecto do Deputado do PCP João Corregedor da Fonseca]. Os projectos de revisão constitucional citados podem ser conferidos no *Diário da Assembleia da República*, II Série-A, N.º 27, de 7 de Março de 1996. Tais projectos não foram aprovados, pelo que a Constituição manteve-se inalterada neste ponto.

[127] A competência do Tribunal Constitucional para apreciar e declarar, com força obrigatória geral, a inconstitucionalidade (ou a ilegalidade, nos casos em que pode fazê-lo) de qualquer norma, desde que tenha sido por ele julgada inconstitucional (ou ilegal) em três casos concretos, vulgarmente denominada "processo de generalização" do julgamento de inconstitucionalidade (ou de ilegalidade) apresenta semelhanças com a designada "auto-questão de inconstitucionalidade" do ordenamento jurídico-constitucional espanhol (cfr., para mais desenvolvimentos, a nossa obra *A Justiça Constitucional em Portugal e em Espanha*, cit., in «Revista da Legislação e Jurisprudência», Ano 131.º, N.º 3891, p. 171).

Este processo de fiscalização da constitucionalidade tem como *pressuposto* a existência de três decisões do Tribunal Constitucional de julgamento de inconstitucionalidade de uma norma jurídica, sendo essas mesmas decisões que determinam o *objecto* do "processo de repetição do julgado", em termos de não poder ser declarada, com força obrigatória geral, a inconstitucionalidade de uma norma diferente da que foi julgada inconstitucional nos três casos concretos. Mas o mesmo enquadra-se no *controlo abstracto sucessivo* da constitucionalidade de normas jurídicas, não no *controlo concreto*. Daí que, como tem sublinhado o próprio Tribunal Constitucional, a reanálise a que ele procede da norma julgada anteriormente inconstitucional em três casos concretos se situe num *plano* diverso do controlo concreto da constitucionalidade, em termos de ser possível alcançar uma solução diversa da adoptada nas decisões concretas (cfr., *inter alia*, os Acórdãos n.os 1/92 e 1146/96, publicados no *DR*, I Série-A, de 20 de Fevereiro de 1992 e de 20 de Dezembro de 1996, respectivamente).

Acresce que as três decisões, em três casos concretos, no sentido da inconstitucionalidade (ou da ilegalidade), que servem de *pressuposto* à declaração de inconstitucionalidade (ou de ilegalidade) de uma norma jurídica, com força obri-

o pedido pode ser feito a todo o tempo; a competência cabe ao Plenário do Tribunal Constitucional; a declaração de inconstitucionalidade tem força obrigatória geral, eliminando do ordenamento jurídico a norma declarada inconstitucional, em regra, desde a data da sua entrada em vigor, e determinando a repristinação das normas que ela, eventualmente, haja revogado; por sua vez, as decisões que não declarem a inconstitucionalidade com força obrigatória geral não fazem caso julgado, podendo a mesma questão ser recolocada no futuro à consideração do Tribunal (cfr. o artigo 281.º, n.ºs 2 e 3, da Constituição e os artigos 51.º a 56.º, 62.º a 66.º e 82.º da Lei do Tribunal Constitucional).

Inclui-se, em terceiro lugar, nos *modos de controlo* a fiscalização abstracta da *inconstitucionalidade por omissão*. Às notas marcantes da figura da "inconstitucionalidade por omissão" anteriormente apontadas importa acrescentar as seguintes: a competência para conhecer da inconstitucionalidade por omissão é do Plenário do Tribunal Constitucional; não há prazo para apresentação do pedido; e o Tribunal pode proferir *decisões positivas* (de verificação da inconstitucionalidade por omissão) ou *decisões negativas* (de não verificação da inconstitucionalidade por omissão). No primeiro caso, o Tribunal deve dar conhecimento da omissão ao órgão legislativo competente, mas a decisão de verificação da inconstitucionalidade por omissão não possui qualquer eficácia jurídica directa, não podendo aquele substituir-se ao legislador na criação do regime legal

---

gatória geral, tanto podem estar corporizadas em acórdãos, como em decisões sumárias, transitadas em julgado, proferidas pelo juiz relator, nos termos do artigo 78.º-A, n.º 1, da Lei do Tribunal Constitucional [cfr., a título exemplificativo, o Acórdão n.º 217/2001 (publicado no *DR*, I Série-A, de 21 de Junho de 2001), que declarou a inconstitucionalidade, com força obrigatória geral, da norma do artigo 201.º, n.º 1, alínea *d*), do Código de Justiça Militar, aprovado pelo Decreto--Lei n.º 141/77, de 9 de Abril, enquanto qualifica como essencialmente militar o crime de furto de bens pertencentes a militares, praticado por outros militares, por violação dos artigos 213.º e 215.º, n.º 1, da Constituição (versão de 1989), com base no julgamento de inconstitucionalidade da mesma norma constante dos Acórdãos n.ºs 48/99 e 49/99 (publicados no *DR*, II Série, de 29 de Março de 1999) e da Decisão Sumária n.º 354/2000, de 20 de Dezembro].

em falta (cfr. o artigo 283.° da Constituição e os artigos 67.° e 68.° da Lei do Tribunal Constitucional).

Integra, por último, o conjunto dos *modos de controlo* a fiscalização *concreta* ou *incidental* da constitucionalidade de normas jurídicas. A intervenção do Tribunal Constitucional, através das suas Secções, no campo específico do controlo concreto da constitucionalidade tem lugar por meio do "recurso de constitucionalidade" para aquele Tribunal das decisões dos tribunais que recusem a aplicação de qualquer norma com fundamento na sua inconstitucionalidade (decisões de desaplicação) – recurso que é *obrigatório* (devendo ser interposto pelo Ministério Público), quando a norma desaplicada constar de convenção internacional, acto legislativo ou regulamento promulgado pelo Presidente da República –, bem como das decisões que apliquem norma cuja inconstitucionalidade haja sido suscitada "durante o processo" (decisões de aplicação) e ainda das decisões dos tribunais que apliquem norma anteriormente julgada inconstitucional pelo próprio Tribunal Constitucional [cfr. os artigos 280.°, n.os 1, alíneas *a*) e *b*), 3, 4, 5 e 6, da Constituição e 69.° a 85.° da Lei do Tribunal Constitucional][128]. No caso do recurso de constitucio-

---

[128] Situações há, no entanto, em que o Plenário do Tribunal Constitucional intervém nos processos de fiscalização concreta de constitucionalidade (ou da legalidade). São as contempladas nos artigos 79.°-A e 79.°-D da Lei do Tribunal Constitucional. A contemplada no artigo mencionado em primeiro lugar é aquela em que o Presidente determina, com a concordância do Tribunal, que o julgamento se faça com a intervenção do Plenário, "quando o considerar necessário para evitar divergências jurisprudenciais ou quando tal se justifique em razão da natureza da questão a decidir" (solução esta que vale também para o julgamento das reclamações dos despachos que indefiram a admissão do recurso para o Tribunal Constitucional). A prevista no preceito indicado em segundo lugar diz respeito ao recurso para o Plenário do Tribunal Constitucional – que é obrigatório para o Ministério Público, quando intervier no processo como recorrente ou recorrido – das decisões das Secções que julgarem "a questão da inconstitucionalidade ou ilegalidade em sentido divergente do anteriormente adoptado quanto à mesma norma, por qualquer das suas secções" [sendo o mesmo também aplicável no caso de divergência jurisprudencial verificada no âmbito do recurso previsto na alínea *i*) do n.° 1 do artigo 70.° da Lei do Tribunal Constitucional].

Os artigos 79.°-A e 79-D da Lei do Tribunal Constitucional não impõem

nalidade da decisão judicial que tiver aplicado uma norma, não obstante a suscitação da sua inconstitucionalidade por uma das partes no processo, são *pressupostos específicos* desse recurso: que a decisão judicial tenha aplicado (expressa ou implicitamente) a norma reputada inconstitucional; que o juízo sobre a constitucionalidade da norma tenha sido uma verdadeira *ratio decidendi* e não um mero *obiter dictum* da decisão recorrida; que a questão de inconstitucionalidade haja sido suscitada "durante o processo", entendida esta expressão em sentido funcional (e não puramente "formal"), isto é, em regra, antes de esgotado o poder jurisdicional sobre tal questão do tribunal *a quo*; e que não seja admissível recurso ordinário da decisão judicial, por a lei o não prever ou por já haverem sido esgotados todos os que no caso cabiam, salvo os destinados a uniformização de jurisprudência (cfr., ainda, os n.os 3 a 6 do artigo 70.º da Lei do Tribunal Constitucional). Têm legitimidade para interpor o recurso de constitucionalidade as pessoas que, de acordo

---

aos juízes a obrigação de seguirem, no futuro, em casos semelhantes, no âmbito das Secções, as soluções adoptadas nos arestos tirados pelo Plenário do Tribunal Constitucional. Todavia, tendo em conta os objectivos que se pretendem atingir com a intervenção do Plenário nos processos de fiscalização concreta da constitucionalidade ou ilegalidade – a "prevenção" de divergências jurisprudenciais, a conveniência em fazer participar todos os juízes na decisão de questões de especial importância ou de grande complexidade e a necessidade de ultrapassar divergências entre decisões das Secções sobre questões de constitucionalidade ou de legalidade respeitantes à mesma norma jurídica –, natural é que os juízes (incluindo os que emitiram votos discordantes) venham a adoptar, no futuro, nos processos semelhantes de fiscalização concreta da constitucionalidade ou legalidade, a solução vertida nos acórdãos proferidos nos termos dos dois apontados artigos da Lei do Tribunal Constitucional. Tem sido esta, aliás, a prática seguida pelo Tribunal Constitucional [vejam-se, por exemplo, os Acórdãos n.os 238/93, 239/93, 240/93 e 241/93 (não publicados), que adoptaram a solução constante do Acórdão n.º 366/92 (publicado no *DR*, II Série, de 22 de Fevereiro de 1993), tirado pelo Plenário, ao abrigo do n.º 6 do artigo 79.º-D da Lei do Tribunal Constitucional, que confirmou o Acórdão n.º 43/92, na parte em que julgou inconstitucional a norma do artigo 50.º, n.º 1, da Lei n.º 109/88, de 26 de Setembro, por violação do disposto no artigo 13.º, n.º 2, da Constituição, com a indicação de que tal aresto do Plenário contém "o entendimento jurisprudencial que o Tribunal acolhe quanto à matéria objecto do recurso de constitucionalidade"].

com a lei reguladora do processo em que a decisão foi proferida, possam dela interpor recurso ordinário (ou seja, em via de máxima, a parte vencida) e que hajam suscitado a questão de inconstitucionalidade [129].

19. Na abordagem da problemática do *conteúdo* das decisões, referimos apenas as decisões *directas* sobre a questão da constitucionalidade de normas jurídicas proferidas pelo Tribunal Constitucional, as quais têm lugar no âmbito do "controlo concentrado", a cargo deste órgão jurisdicional, ficando, por isso, excluídas as decisões proferidas pela generalidade dos tribunais, no domínio do "controlo difuso" da constitucionalidade de normas jurídicas.

a) Os tipos simples ou extremos

No que concerne ao *conteúdo* das decisões, há que salientar, em primeiro lugar, as *decisões simples* (sem reservas ou condições) de *inconstitucionalidade* de normas jurídicas ("decisões de acolhimento") e as decisões de *sentido e alcance oposto* ("decisões de rejeição"). Importa, no entanto, desenvolver um pouco mais estes dois tipos de decisões.

No que respeita às decisões no sentido da *inconstitucionalidade*, incorporam antes de mais uma "pronúncia", uma "declaração" ou um "julgamento" de inconstitucionalidade. O seu conteúdo varia, no entanto, conforme são proferidas em controlo abstracto preventivo, em controlo abstracto por via de acção ou em controlo concreto ou incidental.

No primeiro caso, o seu conteúdo traduz-se em impedir a entrada em vigor da norma; no segundo, ele consiste em determinar a eliminação da norma do ordenamento jurídico; no terceiro, o juízo do Tribunal Constitucional, quando for no sentido da inconstitucionalidade, conduz apenas à não aplicação da norma no caso con-

---

[129] Para mais desenvolvimentos, cfr. J. M. Cardoso da Costa, *A Jurisdição Constitucional*, cit., p. 48-53; Inês Domingos/ M. Menéres Pimentel, *O Recurso de Constitucionalidade* (*Espécies e Respectivos Pressupostos*), in «Estudos sobre a Jurisprudência do Tribunal Constitucional», cit., p. 435-437 e 442-451; e António de Araújo/ J. Casalta Nabais/ José Manuel Vilalonga, ob. cit., p. 389, 395, 405, 417 e 418.

creto, não tendo eficácia geral ou *erga omnes* [o Tribunal Constitucional limita-se a "julgar a norma inconstitucional", confirmando a decisão do tribunal *a quo* (decisão de "não provimento do recurso") ou revogando-a (decisão de "provimento do recurso")].

No tocante às decisões de "inconstitucionalidade", cumpre adiantar que o seu conteúdo é delimitado pelo objecto do "pedido" (de acordo com o princípio *ne eat judex ultra vel extra petita partium*), no controlo abstracto, ou da "questão de constitucionalidade", no caso concreto. Por isso, naqueles casos em que haja sido questionada apenas uma parte do preceito (uma alínea ou um número), a respectiva decisão de inconstitucionalidade "parcial" corresponde ainda, afinal, a uma decisão "simples". O "princípio do pedido" estende-se, no entanto, apenas ao "objecto" da decisão (a norma questionada) e não aos fundamentos da inconstitucionalidade (normas ou princípios violados), como resulta expressamente dos artigos 51.º, n.º 5, e 79.º-C da Lei do Tribunal Constitucional.

Relativamente às decisões de *sentido oposto ao da inconstitucionalidade,* importa referir que, na sua modalidade mais frequente e usual, elas assumem um carácter puramente "negativo", traduzindo-se ou numa *"não pronúncia de inconstitucionalidade"* (fórmula utilizada no controlo abstracto prévio), numa *"não declaração de inconstitucionalidade"* (expressão usada no controlo abstracto sucessivo por acção), numa *"não verificação da existência de inconstitucionalidade por omissão"* (locução relativa ao controlo abstracto por omissão) ou num *"não julgamento de inconstitucionalidade"* (fórmula respeitante ao controlo concreto ou incidental). Em qualquer das variantes, o que o Tribunal Constitucional não faz é uma declaração "positiva" da "constitucionalidade" da norma questionada.

b) Os *tipos intermédios*

Apesar de grande parte das decisões do Tribunal Constitucional se reconduzir "formalmente" às duas alternativas simples que foram referidas, a verdade é que vem a jurisprudência constitucional desenvolvendo tipos ou modelos *"intermédios"* de decisões, mesmo na ausência de textos legais que o consintam. Trata-se, ao fim e ao cabo, de "técnicas de decisão" que permitem, na maioria dos casos, evitar uma decisão de inconstitucionalidade ou condicionar os efeitos jurídicos da mesma, de modo a que a "desautorização do legislador" decorrente da decisão de inconstitucionalidade só tenha lugar quando ela, de todo em todo, não puder ser evitada.

aa) A primeira espécie de decisões "intermédias" é constituída pelas *decisões interpretativas,* as quais conduzem frequentemente a uma *interpretação conforme à Constituição.* Esta última consiste, como é sabido, numa técnica de decisão, em que o Tribunal Constitucional, no caso de uma norma comportar vários sentidos, recusa aquele ou aqueles que conduziriam à sua inconstitucionalidade e opta pelo sentido que for compatível com a Constituição [130]. *A interpretação conforme à Constituição* tem, no entanto, os seus limites, justamente onde contradiga o teor literal e a vontade do legislador, não podendo o conteúdo da norma interpretada ser totalmente redefinido, nem ser ignorado, em pontos essenciais, o objectivo do legislador.

O Tribunal Constitucional, nos vários tipos de fiscalização da constitucionalidade de normas jurídicas, profere, frequentes vezes, decisões de natureza interpretativa, baseando a sua prática jurisdicional na norma do artigo 80.°, n.° 3, da Lei do Tribunal Constitucional, a qual, no tocante à fiscalização concreta, dispõe que a "interpretação conforme" feita pelo Tribunal é obrigatória para os restantes tribunais intervenientes no processo em causa [131]. Quando

---

[130] Como sublinha G. Zagrebelsky, as sentenças interpretativas baseiam-se na circunstância de um texto legislativo se prestar a diversas interpretações e o Tribunal poder basear-se numa ou noutra para acolher ou rejeitar a questão de constitucionalidade, com a consequência de a lei ser conforme à Constituição, *enquanto* interpretada de certo modo (sentença *interpretativa de rejeição*) ou desconforme à Constituição, *enquanto* interpretada de outro modo (sentença *interpretativa de acolhimento*). Cfr. *La Giurisdizione Costituzionale*, in «Mannuale di Diritto Pubblico», a cura di G. Amato/ A. Barbera, cit., p. 491. Cfr. Também R. Llorente, ob. cit., p. 515-521.

[131] Exemplo típico de uma decisão interpretativa, na qual o Tribunal Constitucional utilizou a faculdade constante do artigo 80.°, n.° 3, da Lei do Tribunal Constitucional, consta do anteriormente citado Acórdão n.° 370/91.

assim procede, o Tribunal Constitucional "não se pronuncia", "não declara" ou "não julga" inconstitucional uma norma numa certa interpretação, precisamente a que for adequada ao texto constitucional (de notar, porém, que, por vezes, o mesmo Tribunal opta, nos processos de fiscalização abstracta sucessiva, por uma "declaração de inconstitucionalidade parcial", em vez de uma interpretação conforme à Constituição, "por razões de ordem pragmática" e não por "motivações de ordem técnica", uma vez que só as declarações de inconstitucionalidade dispõem de força obrigatória geral) [132].

---

[132] Também o Conselho Constitucional francês abandonou, já há vários anos, a alternativa "declaração de constitucionalidade/declaração de inconstitucionalidade", inventando a declaração de constitucionalidade "sob reserva". Admitindo que a lei que é submetida à sua apreciação poderia ser declarada inconstitucional, o Conselho declara-a, no entanto, conforme ao texto constitucional, "sob reserva" de que seja respeitada a interpretação que enuncia no corpo da decisão e que reitera, por vezes, na parte dispositiva da mesma.

As reservas de interpretação podem revestir diferentes formas. Podem, em primeiro lugar, *neutralizar*, isto é, privar de efeitos jurídicos as disposições legislativas impugnadas, ou excluir, de entre as interpretações possíveis da lei, as que a tornariam incompatível com a Constituição (*decisões interpretativas neutralizantes*). Podem, em segundo lugar, *acrescentar* à lei as disposições necessárias para torná-la conforme à Constituição (*decisões interpretativas construtivas*). As reservas de interpretação podem, em terceiro lugar, *definir* e *precisar*, para as autoridades incumbidas da sua aplicação, as modalidades de aplicação da lei necessárias à sua constitucionalidade (*decisões interpretativas directivas*).

Estas decisões interpretativas "sob reserva" têm provocado a viva contestação de vários autores, que vêem nelas uma manifestação do "governo dos juízes". No entanto, outros autores compreendem um tal *"modus agendi"* do Conselho Constitucional, considerando aqueles tipos de decisões como "um meio de reforçar a autoridade da lei, controlando a sua constitucionalidade no momento da sua aplicação e minorando, desse modo, as insuficiências do controlo *a priori*", ou como "uma técnica de pacificação da vida política" [simultaneamente, uma "técnica de regulação das alternâncias políticas" e uma "técnica de «aligeiramento», («*délestage*») das decisões politicamente complexas"]. Cfr., para mais desenvolvimentos, D. Rousseau, *Le Droit du Contentieux Constitutionnel*, cit., p. 151-156, e T. di Manno, *Le Juge Constitutionnel et la Technique des Décisions «Interprétatives» en France et en Italie*, Paris, Economica, 1997, p. 335-359 e 366-374.

De modo semelhante, o Tribunal Constitucional português profere, variadas vezes, decisões que "não declaram a inconstitucionalidade" ou que "não julgam

bb) Um segundo tipo de "decisões intermédias" geralmente reconhecido é o das *decisões de inconstitucionalidade parcial,* isto é, aquelas em que apenas se declara ou julga inconstitucional uma parte do preceito questionado no pedido.

inconstitucional" uma norma, as quais têm implícita a ideia de que um tal juízo é emitido "sob reserva" ou "sob condição" de que seja respeitada a interpretação por ele enunciada na fundamentação e na própria decisão. Assim sucedeu, por exemplo, com os Acórdãos n.ºs 329/99 e 517/99 (publicados no *DR*, II Série, de 20 de Julho de 1999 e de 11 de Novembro de 1999, respectivamente), que analisaram a questão da constitucionalidade nas normas do Decreto-Lei n.º 351/93, de 7 de Outubro (alterado pelo Decreto-Lei n.º 61/95, de 7 de Abril), que estabelece o regime de "caducidade" de licenças e aprovações urbanísticas incompatíveis com as disposições de um superveniente plano regional de ordenamento do território – plano este elaborado e aprovado ao abrigo do Decreto-Lei n.º 176-A/88, de 18 de Maio, e cujo regime jurídico é disciplinado por este diploma legal.

No primeiro dos mencionados acórdãos, foi analisada, em processo de fiscalização concreta, a questão da constitucionalidade das normas constantes do artigo 1.º, n.ºs 1, 2 e 3, do Decreto-Lei n.º 351/93, de 7 de Outubro, tendo o Tribunal Constitucional concluído que as mesmas não são inconstitucionais, "no entendimento de que elas se hão-de ter por integradas pelo artigo 9.º do Decreto--Lei n.º 48051, de 27 de Novembro de 1967, por forma a impor-se ao Estado o dever de indemnizar, nos termos deste último diploma legal, os particulares que, por aplicação daquelas normas, vejam "caducar" as licenças que antes obtiveram validamente". E, no segundo dos citados arestos, o mesmo Tribunal apreciou, em processo de fiscalização abstracta sucessiva, a questão da constitucionalidade das normas constantes dos vários artigos do mencionado Decreto-Lei n.º 351/93, tendo também aí decidido não declarar a inconstitucionalidade daquelas normas, no entendimento acima assinalado.

Os Acórdãos n.ºs 329/99 e 517/99 assumiram a ideia de que a declaração da incompatibilidade de licenças e aprovações urbanísticas com as regras constantes de um plano regional de ordenamento do território, numa situação em que aqueles actos de gestão urbanística foram emitidos anteriormente à data da entrada em vigor do plano regional de ordenamento do território que é utilizado como padrão do juízo de compatibilidade, tendo tal declaração como consequência a cessação dos efeitos das referidas licenças ou aprovações, constitui uma *expropriação de sacrifício* ou uma *expropriação em sentido substancial* de "*direitos urbanísticos*" conferidos por actos administrativos válidos e, por isso, deve ser acompanhada de indemnização, por exigência dos princípios da justa indemnização, da igualdade e da proporcionalidade, condensados nos artigos 62.º, n.º 2, 13.º e 266.º, n.º 2, da Constituição.

A *inconstitucionalidade parcial* pode ser "horizontal" ou "quantitativa", quando abrange uma parte correspondente a uma "das disposições" do preceito ou mesmo só um período ou frase do respectivo texto (operando por cisão ou supressão desse período ou frase), ou "qualitativa", "ideal" ou "vertical", quando abarca unicamente uma certa dimensão ou segmento do seu conteúdo dispositivo.

As decisões de inconstitucionalidade parcial – designadas pela doutrina italiana "*sentenze di accoglimento parziale*"[133] – são frequentes na jurisprudência do Tribunal Constitucional português, sendo abundantes os exemplos de julgamentos e de declarações de inconstitucionalidade de normas "enquanto", "na parte em que", "na medida em que" ou "no segmento em que" incorporam um certo conteúdo de sentido ou uma certa dimensão aplicativa. Manifestação de uma *decisão de inconstitucionalidade parcial* é também aquela em que o Tribunal Constitucional português declara ou julga inconstitucional uma norma *num determinado âmbito temporal* (inconstitucionalidade "parcial" *ratione temporis*), como sucedeu no caso da "lei de actualização das propinas no ensino universitário", no qual aquele órgão jurisdicional declarou a inconstitucionalidade do artigo 6.º, n.º 1, da Lei n.º 20/92, de 14 de Agosto, "na parte em que, conjugado com o artigo 16.º, n.º 2, da mesma lei, permite que, para *os anos lectivos de 1993-1994, 1994-1995 e seguintes,* a percentagem para a determinação do montante das propinas seja fixada acima de 25%"[134].

cc) Um terceiro tipo de "decisões intermédias" utilizado pelo nosso Tribunal Constitucional é o das *decisões integrativas* ou *aditivas*. Traduzem-se elas num imediato ("auto-aplicável") alargamento ou "adição" do regime contido no preceito declarado ou julgado inconstitucional por efeito da inconstitucionalização de um preceito

---

[133] Cfr. G. Zagrebelsky, *La Giurisdizione Costituzionale*, cit., p. 491 e 492, e *La Giustizia Costituzionale*, cit., p. 150-155; A. Pizzorusso, *Mannuale di Istituzioni di Diritto Pubblico*, Napoli, Jovene, 1997, p. 486 ; e F. Teresi, ob. cit., p. 86.

[134] Cfr. o Acórdão n.º 148/94, publicado no *DR*, I Série-A, de 30 de Maio de 1994.

"na parte em que" estabelece uma "excepção" ou uma "condição" ou "não contempla" certa situação. Os exemplos mais claros de *decisões aditivas* são as proferidas em nome do princípio da igualdade, quando o legislador (por exemplo, em matéria de segurança social) estabelece determinado tratamento a favor de uma certa categoria de cidadãos, omitindo outra que se encontra em idêntica situação. Em tais casos, a lei não é inconstitucional por aquilo que prevê, mas por aquilo que não prevê. O Tribunal Constitucional declara ou julga, então, a inconstitucionalidade da norma, na parte em que não prevê aquilo que devia prever e, desse modo, amplia ou estende o regime contido na norma [135].

---

[135] Vejam-se, a título de exemplo, os Acórdãos do Tribunal Constitucional n.ºs 181/87 e 449/87 (publicados no *DR*, II Série, de 17 de Julho de 1987 e de 19 de Fevereiro de 1988, respectivamente), que julgaram inconstitucional a norma da alínea *b*) do n.º 1 da Base XIX da Lei n.º 2127, de 3 de Agosto de 1965, na parte em que atribuía ao viúvo, no caso de falecimento do outro cônjuge em acidente de trabalho, havendo casado antes do acidente, uma pensão anual de 30% da retribuição-base da vítima, quando estivesse afectado de doença física ou mental que lhe reduzisse sensivelmente a capacidade de trabalho, ou se fosse de idade superior a 65 anos à data da morte da mulher, por violação do princípio da igualdade, com o fundamento de que, estabelecendo quanto ao viúvo pressupostos mais gravosos do que os estatuídos na alínea *a*) do n.º 1 da mesma base quanto à viúva, representava uma discriminação e um arbítrio legislativos injustificados em razão do sexo.

De salientar que, no segundo dos arestos mencionados, o Tribunal Constitucional consignou que, "quando ocorre uma violação do princípio da igualdade, emergente do facto de se reconhecer a uma categoria de cidadãos o direito a prestações ou a «benefícios» que não são reconhecidos a outra categoria deles (ou do facto de serem-no àqueles em medida maior do que a estes), a uma tal violação tanto pode obviar-se, numa perspectiva puramente *lógica* ou *fáctica*, através do afastamento ou eliminação da regulamentação mais desfavorável como da mais favorável (ou até de ambas, e da sua substituição por outra)". Todavia – acrescentou-se no mesmo acórdão – ,"num quadro constitucional, como é o português, marcado por uma particularmente acentuada componente ou dimensão social, por um lado, e em sintonia, por outro lado, com o sentido da evolução sócio-cultural prevalecente no domínio em que se inscreve a matéria em causa, não parece que, ao nível da justiça constitucional, a desigualdade em apreço possa resolver-se, de um ponto de vista *normativo* (e já não puramente fáctico), senão

Se as três "técnicas" de decisão acabadas de referir são utilizadas na jurisprudência do Tribunal Constitucional português, já o mesmo não sucede com outros tipos de "decisões" que nos apare-

pela prevalência da regulamentação mais favorável". Cfr. também o Acórdão do Tribunal Constitucional n.º 191/88, publicado no *DR*, I Série, de 6 de Outubro de 1988, que declarou inconstitucional, com força obrigatória geral, a mencionada norma da alínea *b*) do n.º 1 da Base XIX da Lei n.º 2127, na dimensão assinalada.

Outros exemplos de decisões *integrativas* ou *aditivas* constam dos Acórdãos n.ºs 143/85, 103/87 e 12/88, publicados no *DR*, I Série, de 3 de Setembro de 1985, de 6 de Maio de 1987 e de 30 de Janeiro de 1988, respectivamente. No primeiro dos arestos mencionados, o Tribunal Constitucional declarou, com força obrigatória geral, a inconstitucionalidade da norma constante da alínea *i*) do artigo 69.º do Estatuto da Ordem dos Advogados, aprovado pelo Decreto-Lei n.º 84/84, de 16 de Março, na parte em que considerava incompatível com o exercício da advocacia a função docente de disciplinas que não sejam de direito. Ao declarar, no Acórdão n.º 143/85, a inconstitucionalidade da norma apenas no segmento em que criava uma incompatibilidade com o exercício da advocacia para a função docente de disciplinas que não sejam de direito, o Tribunal Constitucional *ampliou* a compatibilidade entre o exercício da profissão de advogado e o desempenho de funções docentes, que passou a abranger quaisquer disciplinas, para além das jurídicas.

No segundo dos acórdãos citados o Tribunal Constitucional declarou, entre o mais, com força obrigatória geral, a inconstitucionalidade da norma do artigo 69.º, n.º 2, da Lei n.º 29/82, de 11 de Dezembro, na parte em que, remetendo para o n.º 2 do artigo 33.º da mesma lei, excluía o direito de os agentes militarizados da Polícia de Segurança Pública apresentarem queixas ao Provedor de Justiça, quando tais queixas não tivessem por objecto a violação dos seus direitos, liberdades e garantias ou prejuízo que os afectasse. Dessa decisão resultou um *alargamento* normativo da possibilidade de apresentação de queixas ao Provedor de Justiça pelos agentes da Polícia de Segurança Pública.

No terceiro dos arestos referidos, o Tribunal Constitucional declarou, com força obrigatória geral, a inconstitucionalidade das normas do artigo 2.º do Decreto-Lei n.º 459/79, de 23 de Novembro, na redacção que lhe tinha sido dada pelo artigo único do Decreto-Lei n.º 231/80, de 16 de Julho, e do n.º 1, alínea *b*), parte final, do Despacho Normativo n.º 180/81, de 21 de Julho, na medida em que determinavam que certas pensões por acidentes de trabalho fossem actualizadas de harmonia com certas disposições legais, conforme tivessem sido fixadas antes ou depois de certa data. Tal declaração de inconstitucionalidade abrangeu a disposição menos favorável aplicável aos beneficiários antes da data limite, pelo que o Acórdão n.º 12/88 teve como efeito prático o *aumento* de certas pensões. Cfr., sobre este ponto, A. Ribeiro Mendes, *Relatório de Portugal*, cit., p. 752 e 753.

cem na jurisprudência de outros tribunais constitucionais europeus. É o que sucede com as *"decisões apelativas"* (*Appelentscheidungen*) do Tribunal Constitucional alemão, com as *"sentenze auspicio"* do Tribunal Constitucional italiano, com as *"sentenze-monito"* deste mesmo Tribunal, com as decisões de *"mera declaração de inconstitucionalidade"* (*blosse Feststellung der Verfassungswidrigkeit*) do Tribunal Constitucional alemão, com as *"decisões construtivas"*, proferidas, por exemplo, pelo Tribunal Constitucional espanhol, e com as *"decisões substitutivas"*, emitidas, entre outros, pelo Tribunal Constitucional italiano.

Nas primeiras, o Tribunal Constitucional considera que uma lei ou uma situação jurídica "ainda" não é inconstitucional, sendo, portanto, ainda aceitável, mas liga a essa declaração um "apelo" ao legislador para modificar essa situação, fixando-lhe, por vezes, um prazo para o efeito [136]. Nas segundas, o Tribunal Constitucional italiano,

---

[136] Cfr. J. M. Cardoso da Costa, *Rapport Général*, in «VII Conferência dos Tribunais Constitucionais Europeus – Justiça Constitucional e Espécies, Conteúdo e Efeitos das Decisões sobre a Constitucionalidade de Normas», 1ª Parte, Lisboa, Tribunal Constitucional, 1987, p. 140 e 141; W. Zeidler, *Relatório do Tribunal Constitucional Alemão* para a referida Conferência, 2ª Parte, na mesma publicação, p. 61-69; e E. Benda/E. Klein, ob. cit., p. 495-497.

Segundo estes dois últimos autores, as *decisões apelativas* proferidas pelo Tribunal Constitucional alemão caracterizam-se pelo facto de este considerar, no momento da decisão, ou que a norma apreciada ainda é constitucional ou que ainda não é a altura certa para declarar a sua inconstitucionalidade, mas entende que, em ambos os casos, o desenvolvimento da norma levará à sua inconstitucionalidade e, por isso, apela ao legislador para que tome as medidas legislativas que evitem essa ameaçadora viragem para a inconstitucionalidade (cfr. ob. cit., p. 496).

No que respeita à eficácia das *decisões apelativas*, o entendimento é o de que "as puras decisões apelativas não têm efeitos jurídicos imediatos" (cfr. W. Zeidler, *Relatório*, cit., p. 73), não sendo o apelo obrigatório para o legislador, mas, antes, "um *obiter dictum*, que o legislador pode tomar em conta ou não" (cfr. E. Benda/E. Klein, ob. cit., p. 496). Todavia, contêm as mesmas a advertência de que uma determinada situação inconstitucional não será mais aceitável no futuro – eventualmente após o decurso de um período de tempo definido precisamente pelo Tribunal Constitucional (cfr. W. Zeidler, ob. e loc. cits.), pelo que não se pode dizer que, sob o ponto de vista factual, o apelo não produz efeitos (cfr. E. Benda/E. Klein, ob. e loc. cits.).

embora denunciando a inadequação da norma impugnada em relação aos preceitos constitucionais, limita-se a manifestar o desejo de uma revisão legislativa, não relevando na mesma norma aspectos de inconstitucionalidade [137]. Nas "*sentenze-monito*", o Tribunal Constitucional italiano procura exercer uma influência sobre a actividade parlamentar, definindo princípios e dando indicações, respeitantes à legitimidade constitucional e ao mérito de uma lei em elaboração [138]. E nas decisões de "*mera declaração de inconstitucionalidade*" (*declaração de desconformidade*), o Tribunal Constitucional alemão declara a inconstitucionalidade da norma, mas não liga a essa declaração a da correspondente "nulidade", quando uma declaração de "nulidade" de prescrições legais ainda seria menos constitucional do que a manutenção em vigor de uma lei considerada em si mesma inconstitucional ou quando são várias as possibilidades que se oferecem ao legislador para eliminar a inconstitucionalidade [139].

[137] Na perspectiva da doutrina italiana, as "*sentenze auspicio*" são pronúncias "*optativas*", que não são seguidas de qualquer sancionamento no caso de um eventual inadimplemento pelo legislador, que permanece livre de intervir ou não sobre a matéria. Cfr. F. Teresi, ob. cit., p. 88.

[138] Cfr. G. Zagrebelsky, *La Giurisdizione Costituzionale*, cit., p. 493 e 494, e F. Teresi, ob. cit., p. 88. Segundo o primeiro destes autores, a *função monitora*, embora tenha sido usada para afirmar princípios que vêm suscitando o mais amplo consenso, é muito problemática, não só porque interfere directamente com a actividade político-parlamentar, mas ainda porque transforma o carácter da jurisdição constitucional italiana, deixando de ser concreta e sucessiva, para passar a ser consultiva, abstracta e preventiva.

[139] Cfr. J. M. Cardoso da Costa, *Rapport Général*, loc. cit.; W. Zeidler, *Relatório*, cit., p. 69-72; e R. Llorente, ob. cit., p. 521 e 522.

Também nas decisões de *mera declaração de inconstitucionalidade* – cuja admissibilidade foi expressamente admitida pelo legislador, no § 31, alínea 2, da Lei do Tribunal Constitucional alemão –, tem este feito, por vezes, a advertência de que uma determinada situação inconstitucional não será mais aceitável no futuro, concretamente após o decurso de um lapso temporal determinado por aquele Tribunal. Quando uma norma é declarada incompatível com a Constituição, sem a declaração da correspondente "nulidade", vem sendo entendido que, a partir do momento da decisão do Tribunal Constitucional, ela deixa de poder ser aplicada, na medida decorrente da "fórmula decisória", tendo, eventualmente, os tribunais de suspender os processos pendentes e aguardar que o legislador elabore

Quanto às *"decisões construtivas"*, são aquelas em que o Tribunal, sob a forma de uma decisão de inconstitucionalidade, enuncia também uma série de princípios que uma nova lei com o mesmo objecto deve conter para se conformar com a Constituição [140]. Por último, as *"decisões substitutivas"* implicam a substituição do regime contido no preceito declarado ou julgado inconstitucional, em consequência da inconstitucionalização de um preceito "na parte em que" ou "na medida em que" estabelece um certo regime "antes que" um outro [141].

Importa realçar que é sobretudo com referência às decisões *integrativas* e *substitutivas* – designadas, ao lado de outras, pela doutrina italiana como *"sentenças manipulativas"* – que se coloca a

---

nova regulamentação. Para evitar situações de incerteza, o Tribunal Constitucional alemão tem-se pronunciado, cada vez mais frequentemente, nas suas decisões, sobre os efeitos jurídicos que devem vigorar no período intermédio até à emissão do novo regime legal (cfr. W. Zeidler, *Relatório*, cit., p. 73 e 74).

Refira-se, por último, que, no nosso ordenamento jurídico-constitucional, não se pode considerar como uma decisão do tipo da proferida pelo Tribunal Constitucional alemão o "mero reconhecimento da existência ou da inexistência da omissão legislativa", uma vez que, neste caso, não há qualquer declaração de inconstitucionalidade de uma norma. Cfr., sobre este ponto, o nosso *Relatório Geral*, cit., p. 93.

[140] No conjunto das decisões do Tribunal Constitucional espanhol, encontram-se algumas "decisões construtivas", como, por exemplo, a Sentença n.º 53/1985, relativa ao recurso prévio de inconstitucionalidade do projecto de lei orgânica despenalizadora da interrupção voluntária da gravidez. Cfr. o nosso *Relatório Geral*, cit., p. 93, e o *Relatório do Tribunal Constitucional de Espanha para a I Conferência da Justiça Constitucional da Ibero-América, Portugal e Espanha*, in «I Conferência da Justiça Constitucional da Ibero-América, Portugal e Espanha», cit., p. 526 e 527.

Situação diferente de uma "decisão construtiva", e cuja admissibilidade constitucional não é contestada no nosso país, é aquela em que dos "fundamentos" de uma decisão de inconstitucionalidade se retiram indicações quanto a uma futura regulamentação da matéria conforme à Constituição. Cfr., sobre isto, o nosso *Relatório Geral*, loc. cit.

[141] Cfr. G. Zagrebelsky, *La Giurisdizione Costituzionale*, cit., p. 491 e 492, e *La Giustizia Costituzionale*, cit., p. 157 e 158; L. Arcidiacono/A. Carullo/G. Rizza, ob. cit., p. 513 e 514; A. Pizzorusso, ob. cit., p. 498; e F. Teresi, ob. cit., p. 87.

candente questão da legitimidade das decisões do Tribunal Constitucional que não se limitam à eliminação ou à conservação das normas jurídicas, antes as transformam, adequam, modificam e integram. Na verdade, poderemos interrogar-nos, expressando-nos como R. Dworkin, se, ao proferir este tipo de decisões, os tribunais constitucionais "descobrem" o direito que anunciam ou se "o inventam" e se "inventar" o direito é uma *habilidade* ou uma *tirania* [142].

Especialmente crítico deste tipo de "decisões" do Tribunal Constitucional italiano é G. Zagrebelsky. Segundo este juspublicista italiano, as *"sentenças manipulativas"*, de origem puramente pretoriana, colocam angustiosos problemas, no *plano judiciário* e no *plano legislativo*. Quanto ao primeiro, questiona-se a eficácia daquelas sentenças – as quais, normalmente, deixam intactos os textos legislativos e operam somente a nível da sua interpretação – e pergunta-se se elas não interferem com a liberdade interpretativa que pertence às autoridades judiciárias, em especial aos tribunais. Quanto ao segundo, o problema surge quando se toma consciência de que, através das *"sentenças manipulativas"*, o Tribunal modifica o ordenamento jurídico, em alguns casos por meio da criação de normas completamente inovadoras. Ora, isto coloca um problema de respeito da esfera de competência do legislador, particularmente agudo em todos os casos em que a Constituição prevê uma reserva de lei parlamentar na disciplina de determinadas matérias. E as dificuldades são ainda maiores naqueles casos em que as *"sentenças manipulativas" ampliam os encargos financeiros* do Estado, estendendo o campo da despesa pública, como sucede com as que são adaptadas para colmatar as lacunas lesivas do princípio da igualdade [143].

---

[142] Cfr. *Law's Empire*, cit., p. 5.

[143] Cfr. *La Giurisdizione Costituzionale*, cit., p. 492 e 493. Também R. Llorente é particularmente crítico das "sentenças manipulativas", dizendo que elas violentam "ao máximo o sistema de divisão de poderes, que é o próprio fundamento de toda a arquitectura constitucional". Cfr. ob. cit., p. 522 e 523. As sentenças "aditivas" e "substitutivas" são, de igual modo, contestadas por L. Arcidiacono/A. Carullo/G. Rizza, ao afirmarem que, através delas, o Tribunal Constitucional italiano parece assumir um papel, que não pode ser o seu, de *legislador positivo* (cfr.

20. *A vinculatividade das decisões* do Tribunal Constitucional depende, por um lado, da "natureza processual" e da "estrutura" das decisões e, por outro lado, do seu "conteúdo".

a) Quanto às decisões "directas" sobre a constitucionalidade de normas jurídicas, proferidas em controlo "concentrado" – as únicas que aqui importa considerar –, há que distinguir consoante elas são proferidas no âmbito do controlo abstracto sucessivo por acção, do controlo concreto ou incidental ou do controlo abstracto prévio e, bem assim, consoante são no sentido da inconstitucionalidade ou em sentido inverso.

As decisões de inconstitucionalidade proferidas pelo Tribunal Constitucional, em controlo abstracto por via de acção, produzem *eficácia obrigatória geral* (*"erga omnes"*), pois que incorporam uma "declaração" formal de inconstitucionalidade. As decisões positivas de inconstitucionalidade fazem "caso julgado material" e a norma inconstitucionalizada é eliminada do ordenamento jurídico. Já as decisões de não declaração de inconstitucionalidade, emitidas em fiscalização abstracta sucessiva, porque não incorporam qualquer "declaração" formal de constitucionalidade ou não inconstitucionalidade, não surtem "eficácia obrigatória geral", nem produzem um efeito preclusivo.

No que toca às decisões proferidas no controlo concreto ou incidental, têm as mesmas uma *eficácia limitada ao caso,* quer se

---

ob. cit., p. 513-515). Cfr., no mesmo sentido, A. Pizzorusso, ob. cit., p. 489, e F. Teresi, ob. cit., p. 87. G. Zagrebelsky sublinha que o Tribunal Constitucional italiano desenvolveu nos anos mais recentes um novo tipo de "decisões", com a finalidade de encontrar um ponto de equilíbrio com o legislador. Trata-se das *"sentenze additive di principio"*, através das quais, como nas sentenças aditivas, é declarada a inconstitucionalidade de uma norma, na parte em que não prevê qualquer coisa que, ao invés, devia prever, mas o Tribunal, em vez de integrar a lei com a norma "que falta", limita-se a indicar o princípio no qual o legislador deverá inspirar a sua acção, princípio que, dentro de certos limites, pode ser já aplicado directamente pelos juízes. Nota característica daquele novo tipo de sentenças é a de reclamar uma colaboração, no âmbito das respectivas competências, entre o Tribunal Constitucional, o Parlamento e os juízes. Cfr. ob. cit., p. 493.

trate de decisões que vão no sentido da inconstitucionalidade ou em sentido inverso [144].

No que respeita à fiscalização abstracta preventiva, deve assinalar-se que as decisões em que *se não conclui pela inconstitucionalidade* não produzem qualquer efeito preclusivo duma ulterior apreciação da norma. Já quanto às *decisões de inconstitucionalidade*, se pode aí falar-se de uma "eficácia geral", deverá notar-se, todavia, que o seu efeito específico e imediato se dirige ao órgão competente para promulgar ou assinar o diploma em causa, obrigando-o a vetá-lo [145].

---

[144] Diferentemente se passam as coisas no ordenamento jurídico-constitucional espanhol, onde as sentenças de inconstitucionalidade proferidas em controlo concreto de normas com valor de lei ("questão de inconstitucionalidade") *têm eficácia obrigatória geral* (cfr. a nossa obra A *Justiça Constitucional em Portugal e em Espanha*, cit., in «Revista de Legislação e Jurisprudência», Ano 131.º, N.º 3892, p. 204, e a legislação e a bibliografia aí citadas).

[145] Tanto o Presidente da República, como os Ministros da República dispõem de dois *direitos de veto* em relação aos decretos que lhes são enviados, respectivamente, para promulgação e assinatura: o *veto político*, baseado em motivos políticos, e o *veto por inconstitucionalidade*, alicerçado em fundamentos de inconstitucionalidade. Estes dois *tipos de veto* apresentam características bem distintas, que é conveniente aqui esclarecer.

Em primeiro lugar, o *veto político* é, por natureza, *facultativo*, já que depende do juízo que o Presidente da República ou os Ministros da República fizerem sobre a oportunidade política ou o conteúdo dos decretos (cfr. os artigos 136.º, n.ºs 1 e 4, e 233.º, n.ºs 2 e 4, da Constituição). O *veto por inconstitucionalidade*, na sequência da pronúncia do Tribunal Constitucional pela inconstitucionalidade de norma constante de qualquer decreto, tratado ou acordo internacional, é, ao invés, *obrigatório* (cfr. o artigo 279.º, n.ºs 1 e 4, da Lei Fundamental). Em segundo lugar, o *veto por inconstitucionalidade* só pode ter lugar se tiver sido submetida ao Tribunal Constitucional a fiscalização preventiva da constitucionalidade de qualquer norma do decreto e aquele se pronunciar positivamente pela sua inconstitucionalidade. Está vedado, por isso, ao Presidente da República e aos Ministros da República *vetar politicamente* um decreto, invocando motivos de inconstitucionalidade, quando não tiverem requerido ao Tribunal Constitucional a fiscalização preventiva da constitucionalidade, ou, quando tendo-o feito, aquele não se pronunciar pela inconstitucionalidade de qualquer norma constante do mesmo. É, pois, inquestionável que o Presidente da República ou os Ministros da República, quando optarem pelo *veto político*, na sequência de uma não pronúncia do Tribunal Constitucional no sentido da inconstitucionalidade, ou sem que tenha havido qualquer pronúncia do mesmo Tribunal, por não ter sido requerida a sua intervenção, só podem invocar motivos de ordem política e não motivos de inconstitucionalidade, sob pena de atentarem contra a Constituição e deturparem toda a lógica do controlo preventivo da constitucionalidade (cfr., neste sentido, por todos, Paula M. D. Brito, *A Fiscalização Preventiva da Constitucionalidade de Leis e Decretos-Leis na Constituição de 1976*, Tese Mest., polic., Coimbra, 1997, p. 129-134).

O regime constitucional do *veto político* comporta, ainda, mais alguns aspectos importantes que vale a pena deixar registados neste local. Um tal regime distingue-se conforme o *veto político* tenha como *objecto*, por um lado, decretos da Assembleia da República e decretos do Governo e, por outro lado, decretos das assembleias legislativas regionais e decretos dos governos regionais.

São essencialmente três os domínios em que se verifica essa diferenciação de regimes: a *fundamentação* do veto político; o *prazo* para o exercício do veto político ou para a promulgação (ou assinatura pelo Ministro da República); e a *possibilidade de confirmação* do diploma vetado politicamente. No que respeita ao primeiro ponto, no caso de *veto político* pelo Presidente da República de qualquer decreto da Assembleia da República para ser promulgado como lei, deve o mesmo ser devolvido a este órgão de soberania, para efeitos de reapreciação, acompanhado de uma mensagem com a *fundamentação do veto* (cfr. o artigo 136.º, n.º 1, da Constituição). Diversamente, tratando-se de decreto do Governo, o Presidente da República não é obrigado a devolver o diploma ao Governo, nem é obrigado a fundamentar o seu veto, bastando a *comunicação por escrito ao Governo do sentido do veto* (cfr. o artigo 136.º, n.º 4, da Constituição). Regime similar foi estabelecido pela Constituição quanto à *fundamentação* do exercício do direito de *veto político* pelos Ministros da República relativamente aos decretos das assembleias legislativas regionais e aos decretos dos governos regionais (cfr. o artigo 233.º, n.ᵒˢ 2 e 4, da Constituição).

Pelo que toca ao *prazo* para o exercício do direito de veto político ou para a promulgação, dispõe o Presidente da República de vinte dias, contados da recepção do decreto da Assembleia da República ou da publicação da decisão do Tribunal Constitucional que não se pronuncie pela inconstitucionalidade de norma dele constante, para optar entre o exercício do veto político e a promulgação (havendo um *dever* de promulgação, no caso de não utilização do direito de veto, impedindo o texto constitucional o "veto de bolso" ou o "veto tácito" de diplomas) – cfr. o artigo 136.º, n.º 1, da Lei Fundamental. Tratando-se de decreto do Governo, o referido *prazo* é alargado para quarenta dias (cfr. o artigo 136.º, n.º 4 da Constituição). Os prazos para os Ministros da República assinarem ou exercerem o direito de veto político são de quinze dias ou de vinte dias, conforme se esteja perante decretos das assembleias legislativas regionais ou dos governos regionais (cfr. o artigo 233.º, n.ºs 2 e 4, da Lei Fundamental).

No que concerne ao terceiro aspecto, no caso de decretos da Assembleia da República vetados politicamente pelo Presidente da República, pode aquela *confirmar o voto* por maioria absoluta dos Deputados em efectividade de funções (ou por maioria absoluta de dois terços dos Deputados presentes, desde que superior à maioria absoluta dos deputados em efectividade de funções, nas hipóteses previstas no artigo 136.º, n.º 3, da Constituição), tendo o Presidente o *dever* de promulgar o diploma no prazo de oito dias, a contar da sua recepção (cfr. o artigo 136.º, n.º 2, da Lei Fundamental). Tratando-se, porém, de decretos do Governo, não assiste a este órgão de soberania o poder de confirmar o diploma vetado politicamente, pelo que, em relação a ele, o veto político do Presidente é um veto absoluto, isto é, intransponível (podendo, no entanto, o Governo converter o decreto em proposta de lei a apresentar à Assembleia da República, com vista a tornear o veto que sobre ele incidiu). Esta diferença de regimes alicerça-se na circunstância de a Assembleia da República, contrariamente ao Governo, ter uma legitimidade democrática directa e, sobretudo, no facto de ter o primado da competência legislativa, pelo que a Constituição, em face de uma colisão entre a opinião político-legislativa da Assembleia da República e a do Presidente da República (órgão de soberania que participa no exercício da função legislativa, mas não é um órgão legislativo), dá prevalência à vontade do Parlamento. Este cenário é reproduzido, nos domínios das relações entre os Ministros da República e os órgãos de governo próprios das Regiões Autónomas dos Açores e da Madeira, uma vez que as assembleias legislativas regionais podem *confirmar o voto* de um decreto vetado politicamente pelo Ministro da República por maioria absoluta dos seus membros em efectividade de funções, recaindo, em tal caso, sobre aquele o *dever* de assinar o diploma no prazo de oito dias, a contar da sua recepção (cfr. o artigo 233.º, n.º 3, da Constituição). De idêntica faculdade já não gozam, porém, os governos regionais em relação aos decretos por si aprovados e que tenham sido *vetados politicamente* pelo Ministro da República (embora possam converter o decreto em proposta a apresentar às assembleias legislativas regionais) – cfr. o artigo 233.º, n.º 4, da Lei Fundamental.

O Tribunal Constitucional teve oportunidade de analisar *várias questões* respeitantes ao controlo preventivo da constitucionalidade de diplomas que, num primeiro momento, foram objecto de *veto político*. São essas questões que vamos referir, em termos sucintos.

Uma delas é a de saber se um decreto da Assembleia da República ou de uma assembleia legislativa regional que tenha sido confirmado em segunda votação após veto político do Presidente da República ou do Ministro da República pode ser, ou não, submetido, quando enviado de novo para promulgação ou assinatura, a fiscalização preventiva da constitucionalidade. A resposta a este quesito foi dada nos Acórdãos n.ᵒˢ 58/85 e 320/89, publicados no *DR*, II Série, de 28 de Maio de 1985, e I Série, de 4 de Abril de 1989, respectivamente. No primeiro, aquele Tribunal assinalou que, quando, após o exercício do direito de veto político pelo Ministro da República, a assembleia legislativa regional confirmar, na íntegra, o diploma vetado, apenas com meras alterações acessórias que não tocam o seu conteúdo normativo, porque não se pode falar, nesse caso, na existência de dois procedimentos legislativos, nem de dois diplomas diferentes, já não pode o Ministro da República desencadear o mecanismo da fiscalização preventiva, devendo, antes, assiná-lo em conformidade com o disposto no artigo 235.º, n.º 4, da Constituição (a que corresponde, actualmente, o artigo 233.º, n.º 3, da Lei Fundamental). E se a mesma entidade apresentar, naquela situação, um pedido de fiscalização preventiva da constitucionalidade, há-de considerar-se tal pedido extemporâneo, por ultrapassar o prazo referido no artigo 278.º, n.º 3, da Constituição. Na mesma linha, o aresto mencionado em segundo lugar acentuou que um diploma da Assembleia da República que tenha sido confirmado em segunda votação após veto político presidencial não pode ser submetido, quando enviado de novo para promulgação, a fiscalização preventiva da constitucionalidade, excepto se, aquando da confirmação, tiver sofrido *alteração* ou se o motivo de inconstitucionalidade invocado tiver *ocorrido supervenientemente* ao veto.

Outra consiste em esclarecer se o Tribunal Constitucional é competente, ou não, para apreciar, em fiscalização preventiva, se a Assembleia da República confirmou o decreto vetado pela maioria constitucionalmente exigida (e o mesmo se diga a propósito da confirmação pelas assembleias legislativas regionais de decretos vetados politicamente pelos Ministros da República). No citado Acórdão n.º 320/89, decidiu aquele Tribunal que, dando-se por assente que as normas de um decreto vetado só podem ser validamente confirmadas pela maioria qualificada constitucionalmente exigida, disso dependendo a validade da sua aprovação, então, no caso de não se ter verificado uma tal maioria, a inconstitucionalidade existe logo no decreto da Assembleia, e não no acto de promulgação, podendo, por isso, tal inconstitucionalidade ser analisada pelo Tribunal Constitucional.

A terceira questão tem a ver com o seguinte: a figura da "reformulação" é admissível também no quadro da reapreciação de decretos vetados ao abrigo do artigo 136.º da Constituição? O Tribunal Constitucional, no Acórdão n.º 320/89, não teve dúvidas em afirmar que, embora a Constituição só preveja a possibili-

Há que recordar, no entanto, que o Parlamento pode, por maioria de dois terços dos Deputados presentes, desde que superior à maioria absoluta dos Deputados em efectividade de funções" (cfr. o artigo 279.º, n.º 2, da Constituição), ultrapassar a pronúncia de inconstitucionalidade do Tribunal Constitucional, quando relativa a normas por ele aprovadas, embora isso não impeça uma posterior declaração

---

dade de a Assembleia da República reformular diplomas vetados quando o veto se funda em inconstitucionalidade, deve estender-se *por analogia* esse regime aos casos de veto político, já que "não existe nenhuma justificação para encerrar a Assembleia da República (ou a maioria parlamentar) no dilema de confirmar o decreto pela maioria constitucionalmente exigida ou vê-lo rejeitado, se a não conseguir reunir" (cfr. também o Acórdão do Tribunal Constitucional n.º 13/95, publicado no *DR*, II Série de 9 de Fevereiro de 1995). Aquele órgão jurisdicional teve, no entanto, a preocupação de esclarecer que, "não havendo confirmação do decreto nos exactos termos em que ele foi vetado, com a maioria qualificada constitucionalmente exigida, tratar-se-á sempre de um *novo decreto*, facultando ao Presidente da República um novo veto político, além da fiscalização preventiva da constitucionalidade" (idêntica doutrina vale para os decretos das assembleias legislativas regionais que tenham reformulado decretos vetados politicamente pelo Ministro da República).

A última questão cifra-se nisto: a reformulação do decreto vetado exige uma confirmação prévia do mesmo com as maiorias qualificadas exigidas nos n.ºs 2 e 3 do artigo 136.º da Constituição? O Tribunal Constitucional entendeu que não, uma vez que "a interpretação mais razoável do texto constitucional é a de permitir a reformulação do decreto vetado, sem necessidade de o confirmar previamente (com as maiorias qualificadas constitucionalmente exigidas), confirmação que, de resto, seria irrelevante, em caso de posterior aprovação de alterações, dado que, com estas, deixa necessariamente de haver promulgação nos termos do n.º 2 do artigo 139.º" (na versão actual, n.º 2 do artigo 136.º da Constituição) – cfr. os citados Acórdãos n.ºs 320/89 e 13/95. Esta doutrina não poderá deixar de valer também para a reformulação pelas assembleias legislativas regionais dos decretos vetados politicamente pelo Ministro da República, não se exigindo, por isso, uma confirmação prévia dos mesmos pela maioria qualificada prevista no artigo 233.º, n.º 3, da Lei Fundamental.

Sobre toda esta problemática, cfr., na doutrina, por todos, Jorge Miranda, *Manual de Direito Constitucional*, Tomo II, 3ª ed., cit., p. 468-470, e J. J. Gomes Canotilho/Vital Moreira, *Constituição da República Portuguesa Anotada*, cit., p. 597-601.

ou julgamento de inconstitucionalidade, em sede de fiscalização sucessiva [146].

[146] De harmonia com o disposto no artigo 279.°, n.° 1, da Constituição, "se o Tribunal Constitucional se pronunciar pela inconstitucionalidade de norma constante de qualquer decreto ou acordo internacional, deverá o diploma ser vetado pelo Presidente da República ou pelo Ministro da República, conforme os casos, e devolvido ao órgão que o tiver aprovado". O n.° 2 do mesmo preceito determina que, em tal caso, "o decreto não poderá ser promulgado ou assinado sem que o órgão que o tiver aprovado expurgue a norma julgada inconstitucional ou, quando for caso disso, o confirme por maioria de dois terços dos Deputados presentes, desde que superior à maioria absoluta dos Deputados em efectividade de funções". O n.° 3 do mesmo artigo estatui que, "se o diploma vier a ser reformulado, poderá o Presidente da República ou o Ministro da República, conforme os casos, requerer a apreciação preventiva da constitucionalidade de qualquer das suas normas". E, por último, o n.° 4 do mesmo preceito estabelece que, "se o Tribunal Constitucional se pronunciar pela inconstitucionalidade de norma constante de tratado, este só poderá ser ratificado se a Assembleia da República o vier a aprovar por maioria de dois terços dos Deputados presentes, desde que superior à maioria absoluta dos Deputados em efectividade de funções".

Os preceitos constitucionais acabados de transcrever carecem de alguns esclarecimentos, que não podem ser aqui omitidos. Tais esclarecimentos incidem sobre os seguintes aspectos: o que deve entender-se por *expurgo* e saber se todo e qualquer *expurgo* equivale à *alteração* ou à *reformulação* do diploma; qual o efeito, em matéria de promulgação, da *confirmação* qualificada sem alterações pela Assembleia da República do decreto vetado obrigatoriamente por inconstitucionalidade; saber se é admissível, ou não, a *confirmação* pelas assembleias legislativas regionais dos diplomas vetados pelos Ministros da República, na sequência de uma pronúncia de inconstitucionalidade pelo Tribunal Constitucional, em sede de fiscalização preventiva; e esclarecer se a *reformulação* do decreto vetado por inconstitucionalidade pode ser feita, ou não, sem necessidade de o confirmar previamente com a maioria qualificada exigida pelo n.° 2 do artigo 279.° da Constituição. São esses esclarecimentos que vamos apresentar, nas linhas subsequentes, embora, necessariamente, em termos breves.

Segundo o Acórdão do Tribunal Constitucional n.° 334/94 (publicado no DR, II Série, de 30 de Agosto de 1994), "a primeira parte do n.° 2 do artigo 279.° proíbe, fora das hipóteses de confirmação referidas na segunda parte, a promulgação do decreto que continha norma julgada inconstitucional pelo Tribunal Constitucional, sem que o órgão que o tiver aprovado expurgue essa norma. Tal proibição implica, portanto, quando não houver confirmação qualificada pela Assembleia da República nos termos da segunda parte, a proibição de nova aprovação sem expurgar a norma julgada inconstitucional, o que equivale ao comando condicional de expurgar tal norma, se o órgão competente (aqui a Assembleia da República, noutros casos o Governo) decidir aprovar de novo o decreto. Por conseguinte, a Assembleia da República, quando lhe é devolvido um decreto que enviou para promulgação como lei, por conter uma ou mais normas julgadas inconstitucionais pelo Tribunal Constitucional, só pode, de acordo com a Constituição, fazer uma de três coisas: ou não volta a aprovar o decreto; ou o confirma qualificadamente sem alterações; ou expurga essas normas, podendo fazê-lo pura e simplesmente ou com alterações". Ainda segundo o mesmo aresto, "o que é certamente relevante é se as alterações aprovadas expurgam ou não a norma ou normas julgadas inconstitucionais. Se o não fizerem, a Assembleia não cumpriu a obrigação que lhe foi condicionalmente imposta pelo Tribunal Constitucional e o Presidente está obrigado a não promulgar o decreto. Com efeito, tais obrigações são elementos constitutivos da própria eficácia da pronúncia pela inconstitucionalidade na fiscalização preventiva. A decisão do Tribunal nestes casos não tem, ao contrário do que acontece com a declaração de inconstitucionalidade na fiscalização sucessiva, força obrigatória geral, não afecta a configuração da ordem jurídica, porque não incide sobre normas jurídicas, mas sobre apenas decretadas mas não promulgadas normas de decretos que não são leis nem decretos-leis, apenas elementos do processo da sua formação. Tem apenas um efeito vinculativo dos órgãos intervenientes na criação das normas julgadas inconstitucionais pelo Tribunal. O Presidente da República fica obrigado a não promulgar sem expurgo ou sem confirmação qualificada e com o poder, mas não a obrigação, de promulgar depois desta última. A Assembleia da República fica obrigada a não confirmar sem maioria qualificada e fica obrigada a expurgar se aprovar com alterações. Como se trata de obrigação ligada ao exercício deste último poder, caberá designá-la especificamente como um ónus".

A obrigação de *expurgo* da norma julgada inconstitucional que incide sobre a Assembleia da República, sobre o Governo ou sobre as assembleias legislativas regionais, conforme as situações, consiste, assim, na eliminação ou na correcção da inconstitucionalidade detectada pelo Tribunal Constitucional no decreto, tratado ou acordo internacional. Mas todo e qualquer *expurgo* equivale a uma *reformulação* (ou *alteração*) do diploma, isto é, sempre que há *expurgo* existe *reformulação*, passando o diploma a ser *diferente*, em termos de o Presidente da República ou o Ministro da República, conforme os casos, poder requerer novamente a apreciação preventiva da constitucionalidade de qualquer das suas normas, como resulta do n.º 3 do artigo 279.º da Constituição? J. J. Gomes Canotilho/Vital Moreira defendem que o decreto confirmado pela Assembleia da República não poderá ser submetido a novo controlo preventivo da constitucionalidade, mas já não é assim na hipótese de expurgo ou reformulação de normas, pois, neste caso, o Presidente da República ou o Ministro da République pode requerer *nova apreciação preventiva*, e isto não só das normas reformuladas, mas também das normas que permaneceram inalteradas ("qualquer das suas normas") – cfr. *Constituição da República Portuguesa Anotada*, cit., p. 1009 e 1010. No mesmo sentido, Paula M. D. Brito (cfr. ob. cit., p. 146) acentua que "bem pode acontecer que a simples expurgação do diploma tenha alterado profundamente o conteúdo deste, desmembrando-o e adulterando o seu sentido", pelo que, "nesse caso em que o diploma veio a ser prejudicado com a simples expurgação, é possível que daí tenham resultado (ou se tenham avolumado) vícios de inconstitucionalidade", não fazendo sentido impedir a fiscalização preventiva da constitucionalidade do diploma. Em sentido contrário, porém, Jorge Miranda afirma que, se a norma é expurgada, "o Presidente da República tem que a promulgar", já que se encontra "numa situação idêntica àquela em que estaria se o Tribunal se tivesse pronunciado no sentido da não inconstitucionalidade", tendo, portanto, o Presidente da República que a promulgar, "salvo o exercício do veto político no prazo de vinte ou quarenta dias subsequente à recepção do diploma com a norma expurgada" (cfr. *A Intervenção do Presidente da República e do Tribunal Constitucional*, in «A Feitura das Leis», Vol. II, Lisboa, INA, 1996, p. 286).

Pela nossa parte, entendemos que as soluções devem ser diferenciadas consoante a *intensidade* ou a *profundidade* do *expurgo*. Situações há nas quais o *expurgo* implica uma *alteração* do *conteúdo* ou do *sentido* do diploma e outras ainda em que só é possível expurgar a *norma* ou *normas* julgadas inconstitucionais, através de alterações em vários *artigos*. Em tais casos, não poderá deixar de entender-se que esse *novo diploma* pode ser submetido a uma nova fiscalização preventiva da constitucionalidade. Mas são configuráveis hipóteses nas quais o cumprimento da obrigação do expurgo é simples, traduzindo-se este numa mera *supressão* de um número, de uma alínea ou de artigo considerado inconstitucional pelo Tribunal Constitucional, em termos de o diploma no qual foi feito o expurgo não ser *substancialmente* diferente do primeiro, pelo que admitir, em tais casos, uma nova fiscalização preventiva da constitucionalidade seria "fiscalizar duplamente o mesmo diploma".

No caso de a Assembleia da República ou as assembleias legislativas regionais reformularem o diploma, introduzindo alterações, pode o Presidente da República ou o Ministro da República, conforme os casos, requerer a apreciação preventiva da constitucionalidade da norma ou normas que pretendam substituir a norma julgada inconstitucional, e de quaisquer outras, podendo, então, suscitar a questão do cumprimento da obrigação de expurgar. E, numa situação destas, como sublinhou o Tribunal Constitucional, no citado Acórdão n.° 334/94, mais do que fazer um mero confronto do teor dos artigos em causa, deve aquele órgão jurisdicional proceder a uma confrontação de regimes que tenha em conta o contexto global em que se inserem os conteúdos normativos questionados, com vista a apurar se as detectadas inconstitucionalidades se mostram efectivamente expurgadas, e sendo lícito, para tal efeito, mesmo em sede de fiscalização preventiva, adoptar uma interpretação normativa conforme à Constituição.

O segundo ponto problemático atrás mencionado tem a ver com as *consequências* resultantes da *confirmação* qualificada sem alterações pela Assembleia da República do decreto vetado obrigatoriamente por inconstitucionalidade. Quanto a ele, a jurisprudência do Tribunal Constitucional e a doutrina convergem no sentido de o Presidente da República (ou o Ministro da República, admitindo-se a possibilidade de ultrapassagem, por banda das assembleias legislativas regionais, do veto por inconstitucionalidade dos Ministros da República, incidente sobre decretos legislativos regionais ou decretos regulamentares de lei geral da República, conforme se verá um pouco mais à frente) não ficar obrigado, antes ter a faculdade de promulgar (ou assinar, tratando-se de Ministro da República) o decreto confirmado [cfr. os mencionados Acórdãos do Tribunal Constitucional n.os 320/89 e 334/94, bem como os Acórdãos n.os 183/89 e 151/93, publicados no *DR*, I Série, de 17 de Fevereiro de 1989, e I Série-A, de 26 de Março de 1993, respectivamente. Cfr., na doutrina, por todos, Jorge Miranda, *Manual de Direito Constitucional*, Tomo II, 3ª ed., cit., p. 473-475, *A Actividade do Tribunal Constitucional em 1993*, in «O Direito», Ano 127.°, 1995, I-II (Janeiro-Junho), p. 211, e *Actos e Funções do Presidente da República*, in «Estudos sobre a Constituição», Vol I, Lisboa, Petrony, 1977, p. 265; J. J. Gomes Canotilho/Vital Moreira, *Constituição da República Portuguesa Anotada*, cit., p. 1008; Marcelo Rebelo de Sousa, *O Sistema de Governo Português antes e depois da Revisão Constitucional*, 3ª ed., Lisboa, Cognitio, 1984, p. 44 e 45, nota 1; J. M. Cardoso da Costa, *A Jurisdição Constitucional em Portugal*, cit., p. 56, nota 53; L. Nunes de Almeida, *Relatório de Portugal*, in «VII Conferência dos Tribunais Constitucionais Europeus», 3ª Parte, cit., p. 132; e Paula M. Dias Brito, ob. cit., p. 158-161]. Verifica--se, assim, uma diferença (bem compreensível) de regimes no que respeita à promulgação de decretos confirmados pela Assembleia da República, na sequência de *veto suspensivo* por discordância política e de *veto translativo* por inconstitucionalidade. No primeiro caso, o Presidente da República *não poderá* recusar a promulgação; no segundo, a promulgação é apenas uma *faculdade* e não uma obrigação do Presidente da República, ficando este, em definitivo, com o poder de arbitrar o "conflito aberto entre o Parlamento e o Tribunal Constitucional pela reaprovação de normas por este julgadas preventivamente inconstitucionais".

Quanto ao terceiro problema acima indicado – o de saber se as assembleias legislativas regionais têm a faculdade de *confirmar*, por maioria qualificada, os decretos vetados por inconstitucionalidade pelos Ministros da República –, o mencionado Acórdão do Tribunal Constitucional n.º 183/89 deixou-o em aberto, afirmando, no entanto, que, mesmo a ser admitida a ultrapassagem pelas assembleias legislativas regionais do veto por inconstitucionalidade dos Ministros da República incidente sobre decretos legislativos regionais ou decretos regulamentares de lei geral da República, sempre se terá de reconhecer que, nessa circunstância, os Ministros da República, à luz do disposto no artigo 279.º, n.º 2, da Constituição, poderão, mas não necessariamente deverão assiná-los. E em consonância com esta doutrina, declarou, com força obrigatória geral, a inconstitucionalidade da norma do n.º 4 do artigo 35.º do Estatuto Político-Administrativo da Região Autónoma dos Açores, segundo o texto resultante da revisão da Lei n.º 39/80, de 5 de Agosto, pela Lei n.º 9/87, de 26 de Março (na parte em que tornava obrigatória para o Ministro da República a assinatura dos decretos da Assembleia Regional que – apesar de haverem sido objecto, relativamente a qualquer norma, de juízo de inconstitucionalidade do Tribunal Constitucional – viessem a ser confirmados por maioria de dois terços dos deputados em efectividade de funções), e da norma do n.º 5 do mesmo artigo, que permitia que o Presidente da Assembleia Regional se substituísse ao Ministro da República na assinatura de certos diplomas que este se recusasse ou tardasse a assinar.

Mais tarde, porém, o mesmo Tribunal, no citado Acórdão n.º 151/93 (seguindo, aliás, as peugadas do Parecer da Comissão Constitucional n.º 21/80, in «Pareceres da Comissão Constitucional», 13.º Vol., Lisboa, Imprensa Nacional, 1982, p. 17 e segs.), decidiu que, "apesar de a solução se configurar aberrante no que respeita à interdependência de poderes entre órgãos de soberania e órgãos próprios das regiões autónomas", deveria considerar-se constitucionalmente admissível a confirmação pelas assembleias legislativas regionais, por maioria qualificada de dois terços dos deputados presentes, dos diplomas vetados pelos Ministros da República, na sequência de uma pronúncia de inconstitucionalidade pelo Tribunal Constitucional, em sede de fiscalização preventiva. Segundo o referido aresto – que subscrevemos, quando exercíamos as funções de Juiz do Tribunal Constitucional –, "a tal conclusão parece se dever necessariamente chegar face não apenas à *vontade conjectural*, mas à própria *vontade expressa do legislador constituinte*, que, *in casu*, corresponde, aliás, ao teor literal do preceito interpretando".

A solução a que chegou o Tribunal Constitucional não suscita, no entanto, o aplauso de vários autores – e disso nos dão conta os textos dos Acórdãos n.ᵒˢ 183/89 e 151/93. Assim, J. J. Gomes Canotilho/Vital Moreira, depois de afirmarem que o Governo não pode efectuar qualquer confirmação de um decreto vetado por inconstitucionalidade, opinam que, no caso das assembleias legislativas regionais, "a solução que melhor apoio colhe na letra e no espiríto constitucional é a negativa", porquanto, "se já é dificilmente compreensível que a Assembleia da República, que é um órgão de soberania e que por definição representa todos os cidadãos portugueses, possa tornar ineficaz uma decisão do Tribunal Constitucional, sendo este também um órgão de soberania, já isso se torna absurdo quando se trata de uma assembleia regional, que não é um órgão de soberania" (cfr. *Constituição da República Portuguesa Anotada*, cit., p. 1008 e 1009). Por sua vez, J. M. Cardoso da Costa salienta que "é extremamente duvidoso que a faculdade mencionada também haja sido atribuída às assembleias regionais. A solução mais correcta, do ponto de vista jurídico-constitucional, é a negativa, pois que, se uma tal faculdade já é em si mesma passível de sérias reservas, constituirá certamente uma anomalia, e até um absurdo, que ela vá ao ponto de permitir a um mero órgão regional opor-se às decisões de um órgão de soberania" (cfr. *A Jurisdição Constitucional em Portugal*, cit., p. 56, nota 53). E, por último, L. Nunes de Almeida, depois de referir que, "sendo claro que o Governo não dispõe deste poder de confirmação" e que "nem por isso se deixam de suscitar dúvidas no tocante a saber se tal poder é exclusivo da Assembleia da República ou se, pelo contrário, dele gozam igualmente as assembleias das regiões autónomas", realça que, "se o teor literal e a história do preceito podem inculcar uma resposta positiva à última questão, a verdade é que não deixaria de ser estranho que o Ministro da República, ao assinar o diploma, pudesse arbitrar em benefício da assembleia regional um conflito entre esta última, que não é órgão de soberania, e o Tribunal Constitucional, que não só é órgão de soberania, como é o órgão de soberania competente para proceder à fiscalização da constitucionalidade" (cfr. *Relatório de Portugal*, in «VII Conferência dos Tribunais Constitucionais Europeus», cit., 3ª Parte, p. 132).

Em contrapartida, Jorge Miranda entende que também as assembleias legislativas regionais podem confirmar decretos vetados por inconstitucionalidade, em virtude da sua qualidade, tal como a Assembleia da República, de assembleias eleitas por sufrágio universal e directo, e por "assimilação e identidade de poderes" em relação àquele órgão de soberania. Escreve, com efeito, a propósito, aquele constitucionalista: "Tratando-se de decretos de assembleia representativa e de tratados, pode também a assembleia competente adoptar outra atitude: a de reaprovação da norma considerada inconstitucional ou, quanto a tratados, de todo

Finalmente, no caso da fiscalização *de inconstitucionalidade por omissão*, as decisões do Tribunal Constitucional são desprovidas de qualquer efeito vinculativo.

o tratado. No caso de a assembleia confirmar o diploma donde conste a norma por maioria de dois terços dos Deputados presentes desde que superior à maioria absoluta dos Deputados em efectividade de funções, o Presidente da República ou o Ministro da República *poderá* promulgá-lo ou assiná-lo (art. 279.º, n.º 2, 2ª parte)". Ainda de acordo com o mesmo autor, "a faculdade de promulgação ou de assinatura, nestas circunstância, afigura-se uma solução de equilíbrio: de equilíbrio entre o órgão legislativo representativo e o órgão de fiscalização da constitucionalidade, com arbitragem pelo Presidente da República, eleito por sufrágio universal, ou pelo órgão que faz as suas vezes, o Ministro da República. E é uma solução harmónica com um *Estado de Direito democrático* como se declara o Estado português (art. 2.º). Enquanto que no veto político, em caso de confirmação há um dever de promulgação ou de assinatura – por que o órgão legislativo deve prevalecer sobre o órgão de veto – na fiscalização preventiva há apenas uma faculdade – porque nem o órgão legislativo deve prevalecer sobre o juízo de inconstitucionalidade, nem o Tribunal Constitucional sobre a assembleia política representativa, e essa faculdade converte o inicial poder de veto translativo em verdadeiro poder de *sanção* legislativa" [cfr. *Manual de Direito Constitucional*, Tomo II, 3ª ed., cit., p. 473-475. Cfr. também a *Anotação ao Acórdão do Tribunal Constitucional n.º 183/89*, in «O Direito», Ano 121.º (1989), II (Abril-Junho), p. 380-385, em especial, p. 380 e 381, e *A Actividade do Tribunal Constitucional em 1993*, cit., p. 210-212].

O último problema assinalado, relativo à eventual necessidade de a Assembleia da República ou as assembleias legislativas regionais confirmarem previamente, por maioria de dois terços dos deputados presentes, desde que superior à maioria absoluta dos deputados em efectividade de funções, o decreto que se pretende reformular, deve ter uma solução idêntica à avançada na nota anterior quanto à reformulação do decreto vetado por motivos políticos, a qual consta dos mencionados Acórdãos do Tribunal Constitucional n.ºs 320/89 e 13/95. Por conseguinte, o decreto vetado por inconstitucionalidade pelo Presidente da República ou pelo Ministro da República, após pronúncia de inconstitucionalidade pelo Tribunal Constitucional, pode ser reformulado, sem necessidade de a Assembleia da República ou as assembleias legislativas regionais o confirmarem previamente com a maioria qualificada referida no artigo 279.º, n.º 2, da Lei Fundamental, precisamente porque o decreto passa a ser tido como novo, podendo qualquer das suas normas ser novamente submetida a fiscalização preventiva da constitucionalidade ou o decreto ser vetado politicamente (cfr., sobre este ponto, por todos, Paula M. D. Brito, ob. cit., p. 150-152).

b) No tocante à *força de caso julgado*, um ponto deve ter-se como firme: o de que as decisões em causa adquirem, em geral, força de caso julgado formal, ou uma eficácia equivalente, sendo, por isso, decisões finais, não passíveis de recurso, e que precludem a possibilidade de a questão por elas resolvida vir a ser reposta, de qualquer forma, no mesmo processo.

Já pelo que respeita à força de *caso julgado material*, na fiscalização abstracta preventiva, no caso de não haver pronúncia no sentido da inconstitucionalidade, a respectiva decisão não surte efeitos de *caso julgado material*, podendo no futuro o Tribunal Constitucional vir a declarar ou julgar a norma inconstitucional, em fiscalização abstracta sucessiva ou em fiscalização concreta, respectivamente. Também a decisão de não acolhimento (de não declaração de inconstitucionalidade com força obrigatória geral), em fiscalização abstracta sucessiva, não produz *caso julgado material*, podendo, no futuro, ser requerida de novo a declaração de inconstitucionalidade, com força obrigatória geral, quanto à mesma norma. Mas as decisões positivas de inconstitucionalidade na fiscalização abstracta sucessiva já produzem efeitos de *caso julgado material*, sendo a declaração de inconstitucionalidade, com força obrigatória geral, aplicada nos processos pendentes, em fiscalização concreta. Também, na fiscalização concreta, a decisão do Tribunal constitui *caso julgado material* entre as partes do recurso, quanto à questão de inconstitucionalidade suscitada, nos termos do artigo 80.º, n.º 1, da Lei do Tribunal Constitucional.

c) O artigo 2.º da Lei do Tribunal Constitucional estabelece que "as decisões do Tribunal Constitucional são obrigatórias para todas as entidades públicas e privadas e prevalecem sobre as dos restantes tribunais e de quaisquer outras autoridades". Esta formulação legal parece atribuir uma peculiar *força obrigatória geral* a todas as decisões do Tribunal Constitucional, para além do específico efeito ou eficácia ("*erga omnes*", caso julgado, efeito preclusivo) que deva reconhecer-se a cada espécie ou categoria delas em particular.

Saber qual é o sentido exacto desse outro tipo de eficácia das decisões do Tribunal Constitucional não é tarefa fácil. A expressão "obrigatórias para todas as entidades públicas e privadas" parece significar um efeito geral exterior vinculativo da sentença de rejeição de inconstitucionalidade (uma espécie de *força de precedente* deste tipo de decisões). Efectivamente, as sentenças de não acolhimento (ou de rejeição de inconstitucionalidade) não têm efeitos inovadores no ordenamento jurídico, mas, apesar disso, não deixam de conter "doutrina constitucional" – sobretudo se se tratar de sentenças interpretativas de rejeição – que há-de ser tomada em consideração tanto pelo legislador, como por outros operadores jurídicos, na medida em que definam um determinado entendimento "constitucionalmente adequado" da matéria regulada pela norma impugnada, e cuja "constitucionalidade" é indirectamente declarada ao rejeitar-se a acção empreendida contra a mesma.

d) Por último, no que toca à *vinculação dos órgãos de justiça constitucional às suas próprias decisões*, importa referir que, salvo nas declarações de inconstitucionalidade com eficácia *"erga omnes"*, o Tribunal Constitucional não fica juridicamente vinculado às suas próprias decisões [147]. Fora daqueles casos, não está o Tribunal Constitucional obrigado a seguir, no futuro, a orientação uma vez por ele estabelecida, antes tem a liberdade de "reconsiderar" a doutrina firmada em decisões anteriores, à luz de uma alteração das circunstâncias (sociais, económicas e técnicas), de uma evolução do direito ordinário, de uma evolução da consciência ético-jurídica ou, simplesmente, de uma reconsideração argumentativa. Mas a verdade é que qualquer modificação da jurisprudência do Tribunal Constitucional é feita com especial contenção e particular cautela, sendo

---

[147] Nas declarações de inconstitucionalidade, com força obrigatória geral, de normas jurídicas, fica o Tribunal Constitucional juridicamente vinculado às suas próprias decisões, devendo aplicar, nos processos de fiscalização concreta subsequentes, a declaração de inconstitucionalidade. Mas, em sede de fiscalização concreta, o Tribunal Constitucional tem competência para *interpretar autenticamente* as suas declarações de inconstitucionalidade, com força obrigatória geral (cfr., sobre este assunto, os Acórdãos do Tribunal Constitucional n.os 186/91 e 318/93, publicados no *DR*, II Série, de 10 de Setembro de 1991 e de 2 de Outubro de 1993, respectivamente).

objecto de aturada ponderação no interior daquele órgão jurisdicional as posições que signifiquem um rompimento com os "precedentes" ou uma alteração da sua "coerência decisória".

21. A questão da *eficácia temporal* das decisões do Tribunal Constitucional que importa aqui considerar reporta-se tão-só às decisões de declaração da inconstitucionalidade com eficácia cassatória da norma, isto é, às decisões de inconstitucionalidade proferidas em controlo abstracto sucessivo dotadas de eficácia *erga omnes*. O que se pretende aqui saber é qual o *momento* a partir do qual a declaração de inconstitucionalidade opera a cessação da vigência da norma e quais os efeitos que acarreta relativamente às situações criadas e aos actos jurídicos *(maxime,* aos actos administrativos e decisões judiciais) praticados ao abrigo da norma declarada inconstitucional.

a) A questão fundamental é a de saber se a declaração de inconstitucionalidade opera com eficácia ex *tunc* (reportando os seus efeitos à data da entrada em vigor da norma ou, tratando-se de norma pré-constitucional, à data da entrada em vigor da Constituição) ou mera eficácia ex *nunc* (operando somente a partir da publicação da decisão). No primeiro caso, a decisão de inconstitucionalidade produz um efeito de *invalidação* da norma; no segundo, um efeito puramente *revogatório*. No nosso país, a Constituição (cfr. o artigo 282.º, n.ºs 1 e 2) determina que as decisões de declaração de inconstitucionalidade, proferidas em fiscalização abstracta sucessiva, produzem efeitos desde o início da vigência da norma inconstitucionalizada, no caso de se estar perante uma inconstitucionalidade *originária,* ou, tratando-se de uma inconstitucionalidade *superveniente,* a partir da entrada em vigor da norma constitucional infringida (eficácia *ex tunc).*

De realçar que o artigo 282.º, n.º 3, da Constituição estabelece, como limite a essa eficácia *ex tunc*, o respeito dos "casos julgados", salvo tratando-se de sentenças penais ou sancionatórias (baseadas numa norma penal ou sancionatória mais desfavorável). Em alguns casos, o Tribunal Constitucional equiparou aos "casos julgados judiciais" os "casos decididos" ou "resolvidos" de natureza administrativa, isto é, os actos administrativos definitivamente consolidados.

Outras vezes, o Tribunal Constitucional foi mais cauteloso na referida equiparação, não deixando, no entanto, nesses casos, de resguardar da declaração de inconstitucionalidade os actos administrativos que constituem caso resolvido ou decidido, isto é, aqueles que têm os seus efeitos consolidados no ordenamento jurídico [148].

b) O Tribunal Constitucional tem a *faculdade de delimitar* a eficácia temporal das suas declarações de inconstitucionalidade. De facto, nos termos do n.º 4 do artigo 282.º da Constituição, aquele Tribunal pode limitar os efeitos da declaração de inconstitucionalidade, com força obrigatória geral, "quando a segurança jurídica, razões de equidade ou interesse público de excepcional relevo, que deverá ser fundamentado, o exigirem". Essa limitação consiste, no comum dos casos, em conceder eficácia a partir da publicação do respectivo acórdão (eficácia ex *nunc*).

c) Uma questão específica, que interessa sublinhar, é a consagração na Constituição portuguesa da regra de que a declaração de inconstitucionalidade com eficácia *"erga omnes"* acarreta a *repristinação* da norma ou regime revogados pela norma ou normas declaradas inconstitucionais. Mas ao Tribunal Constitucional é reconhecida a faculdade de excluir, em certos casos, esse efeito repristinatório. É neste sentido que o Tribunal Constitucional português vem restringindo os efeitos da repristinação em matéria penal, para

---

[148] Exemplo desta actuação prudente e cautelosa do Tribunal Constitucional é o Acórdão n.º 1147/96 (publicado no *DR*, II Série, de 21 de Dezembro de 1996), onde, a dado passo, se afirma que os actos administrativos que constituem *caso resolvido* ou *decidido* "poderiam mesmo ser equiparados aos *casos julgados*, sendo, assim, ressalvados da eventual declaração de inconstitucionalidade, com força obrigatória geral, por efeito do estatuído no artigo 282.º, n.º 3, da Lei Fundamental. Suscitando-se, porém, dúvidas a propósito de uma tal equiparação, não poderia deixar o Tribunal de limitar, por razões de segurança jurídica, os efeitos da eventual declaração de inconstitucionalidade, de modo a deixar intocados os actos administrativos praticados ao abrigo das normas objecto do presente processo não impugnados contenciosamente ou que já não sejam susceptíveis de impugnação contenciosa (cfr., sobre este ponto, o citado Acórdão, n.º 804/93)".

impedir a aplicação das normas repristinadas, se forem mais desfavoráveis para o arguido, durante o período de vigência das normas declaradas inconstitucionais [149].

d) Vimos que, no nosso ordenamento jurídico-constitucional, apesar de vigorar a regra geral da eficácia ex *tunc* das declarações de inconstitucionalidade, pode o Tribunal Constitucional, no uso da faculdade de delimitação temporal dos efeitos das decisões declarativas de inconstitucionalidade, conferir-lhes apenas eficácia ex *nunc*. Em tais situações, poderá dizer-se que as correspondentes decisões apenas surtem efeito *pro futuro*. Mas não se prevê, no nosso ordenamento jurídico a possibilidade de o Tribunal Constitucional *fixar um prazo* para a cessação da vigência da norma declarada inconstitucional [150].

---

[149] Cfr., por exemplo, os Acórdãos do Tribunal Constitucional n.os 56/84 e 414/89, publicados no *DR*, I Série, de 9 de Agosto de 1984 e de 3 de Julho de 1989, respectivamente.

Questão conexa com a referida no texto é a de saber se o Tribunal Constitucional tem competência para conhecer *ex officio* da inconstitucionalidade de normas repristinadas – questão essa que se coloca sobretudo no domínio da fiscalização abstracta sucessiva. A resposta, quanto a nós, deve ser, em princípio, negativa, em homenagem à vinculação do Tribunal Constitucional ao *princípio do pedido*. Diferente é a situação em que no pedido de fiscalização abstracta sucessiva da constitucionalidade de normas jurídicas é solicitada, a título subsidiário e cumulativo, a declaração da inconstitucionalidade, com força obrigatória geral, da norma ou normas revogadas por aquelas cuja declaração de inconstitucionalidade é pedida, a título principal, com o objectivo de evitar a sua repristinação. Numa situação destas, o Tribunal Constitucional não poderá deixar de apreciar a constitucionalidade dessas normas. Uma abordagem desta problemática pode ver-se no anteriormente citado Acórdão do Tribunal Constitucional n.° 452/95. Cfr., sobre este problema, por todos, Rui Medeiros, ob. cit., p. 667-673.

[150] Uma tal possibilidade – que não seria uma solução inédita em direito comparado, uma vez que está expressamente contemplada nos ordenamentos jurídicos da Áustria, Liechtenstein e da Turquia – poderia justificar-se, em determinadas situações, designadamente quando fossem declaradas inconstitucionais, com força obrigatória geral, normas fiscais, que definem a incidência ou a taxa de um determinado imposto criado *ex novo*. A *fixação de um prazo* para a cessação da vigência das normas declaradas inconstitucionais permitiria ao legis-

22. A exposição feita até este momento permite concluir que o Tribunal Constitucional ocupa, no nosso ordenamento jurídico-constitucional, um lugar central no conjunto dos poderes do Estado. Ele é mesmo considerado como um "órgão essencial da regulação política e do jogo democrático", obrigando as maiorias que se sucedem a colocar de lado as políticas extremistas, a limitar as suas ambições partidárias e a enquadrar as suas reformas legislativas no âmbito da ordem constitucional existente [151].

A referida posição do Tribunal Constitucional deriva, em primeiro lugar, da circunstância de o mesmo ter, como vimos, significativas competências no domínio dos *partidos políticos*, das *eleições* e

---

lador aprovar novas normas, evitando qualquer hiato na arrecadação das receitas correspondentes ao imposto em causa, em consequência de um "vazio legislativo" – solução esta que não é atingível com a simples ressalva dos efeitos produzidos pelas normas declaradas inconstitucionais, desde a data da sua entrada em vigor até à data da publicação do acórdão no *Diário da República*, e que seria bem mais razoável do que a utilização, de modo pouco transparente, do instrumento de retardação da publicação do acórdão, a fim de dar tempo ao legislador para a criação de uma nova disciplina jurídica. Cfr., sobre este ponto, J. M. Cardoso da Costa, *Rapport Général*, cit., 1ª Parte, p. 149.

Na óptica de Rui Medeiros, quando a única forma de assegurar as finalidades visadas pelo n.º 4 do artigo 282.º da Constituição passe pela limitação de efeitos *in futuro* da declaração de inconstitucionalidade de uma norma jurídica e pela consequente continuação da produção de efeitos pela norma inconstitucional após a publicação da correspondente declaração, pode o Tribunal Constitucional optar por uma tal solução, dando justamente como exemplos, entre outros, os casos de declaração de inconstitucionalidade de normas jurídicas que impliquem um acréscimo substancial de despesas ou uma grande redução de receitas (cfr. ob. cit., p. 724-731). Cremos, no entanto, que a letra e o espírito do artigo 282.º, n.º 4, da Constituição não autorizam ao Tribunal Constitucional uma limitação dos efeitos da declaração de inconstitucionalidade *para além* da data da publicação do acórdão no *Diário da República*. Ele não abrange, por isso, a possibilidade de uma limitação *in futuro*, mas apenas *in praeterito*, dos efeitos da declaração de inconstitucionalidade, pelo que, sem uma alteração do texto constitucional, não vemos como seja possível ao Tribunal Constitucional lançar mão da faculdade acima referida.

[151] Cfr., neste sentido, D. Rousseau, *Droit du Contentieux Constitutionnel*, cit., p. 77.

dos *referendos* (nacionais, regionais e locais), desempenhando, por essa via, um papel importante ao nível da *expressão da vontade política* dos cidadãos e, consequentemente, do fortalecimento do regime democrático.

Os partidos políticos são, como é sabido, instrumentos essenciais da organização e da expressão da vontade popular, funcionando como mediadores necessários da representação política da comunidade. Por estas razões, os partidos políticos não podiam constituir um espaço totalmente imune à intervenção do Tribunal Constitucional. O grau de intervenção do Tribunal Constitucional não se limita, contudo, a um mínimo – como sucede em alguns países –, traduzido no controlo da constitucionalidade das normas jurídicas que têm os partidos políticos como objecto, antes se estende quase a um máximo, consistente na concentração naquele órgão jurisdicional de todas as questões àqueles respeitantes. Elas abrangem, como se referiu, designadamente, a verificação da legalidade da constituição de partidos políticos e suas coligações, a apreciação da legalidade das suas denominações, siglas e símbolos, a determinação da respectiva extinção nos termos da Constituição e da lei, a declaração de que uma organização partidária perfilha a ideologia fascista e o decretamento da respectiva extinção, a apreciação da regularidade e legalidade das contas dos partidos políticos e o julgamento das acções de impugnação de eleições e de deliberações de órgãos de partidos políticos que, nos termos da lei, sejam recorríveis.

A extensão particular das funções do Tribunal Constitucional relativamente aos partidos políticos está intimamente ligada à relevância destes na Constituição (cfr. o artigo 114.°) e no sistema político português.

No que toca às *eleições*, o Tribunal Constitucional funciona, como tivemos ensejo de salientar, como Tribunal Supremo em matéria eleitoral, cabendo-lhe, em geral, julgar em última instância a regularidade e a validade dos actos do processo eleitoral, relativos ao Presidente da República, ao Parlamento Europeu, à Assembleia da República, às assembleias legislativas regionais e aos órgãos do poder local.

Finalmente, no que concerne aos *referendos* (nacionais, regionais e locais), cabe ao Tribunal Constitucional, como foi acentuado, a fiscalização preventiva obrigatória da constitucionalidade e da legalidade das propostas de referendo nacional, regional e local, nela se incluindo a apreciação dos requisitos relativos ao respectivo universo eleitoral.

23. A reserva ao Tribunal Constitucional de um lugar central no conjunto dos poderes do Estado resulta, em segundo lugar, do facto de ele exercer uma função de garantia dos equilíbrios constitucionais entre aqueles diferentes poderes. Trata-se de uma função que é comum a todos os Tribunais Constitucionais, embora sejam diferentes os instrumentos jurídicos de que cada um pode lançar mão para a consecução de um tal objectivo. No nosso país, a protecção dos equilíbrios constitucionais entre os diferentes poderes do Estado tem lugar, como se vincou, exclusivamente, através do mecanismo do controlo da constitucionalidade e, em certos casos, da legalidade de normas jurídicas – o que não significa que o Tribunal Constitucional português não exerça, por aquela via, um papel de relevo de garante da observância dos equilíbrios de poderes entre órgãos de soberania.

Ao resolver as divergências ou conflitos entre entidades e órgãos políticos acerca do âmbito dos respectivos direitos e competências, o Tribunal Constitucional assume-se como garante da observância do princípio da "separação de poderes", que é, como se sabe, um princípio organizatório estruturante dos regimes democráticos.

24. Em praticamente todos os ordenamentos jurídico-constitucionais, é cometido aos Tribunais Constitucionais o importante papel de garante da repartição de competências entre o "Centro" e as "Regiões". A amplitude dos poderes dos Tribunais Constitucionais varia, no entanto, conforme a *estrutura organizatória* de cada um dos Estados e, bem assim, de acordo com os *instrumentos processuais* gizados para a resolução de conflitos de competências entre os poderes do Estado e os poderes "periféricos".

No que respeita a estes últimos, em Portugal, é no âmbito do controlo da *constitucionalidade* e, nos casos, na altura referidos, da *legalidade* de normas jurídicas que o Tribunal Constitucional resolve os conflitos entre o Estado, as regiões autónomas e o poder local (autarquias locais).

A atribuição ao Tribunal Constitucional de uma função de garantia da repartição de competências entre o Estado, as regiões autónomas e as autarquias locais transforma aquele órgão jurisdicional no guardião de um princípio fundamental da estrutura organizatória do Estado – o princípio do reconhecimento das autonomias regionais e locais –, cabendo-lhe a missão de evitar que o fiel da balança dos poderes públicos se incline demasiadamente para o "Centro" ou na direcção das "Regiões", impedindo, desse modo, o "desequilíbrio" do sistema político. Também por aqui se vê o lugar cimeiro ocupado pelo Tribunal Constitucional no conjunto dos poderes do Estado.

25. Sendo o controlo da constitucionalidade das leis a função primacial dos órgãos da justiça constitucional, é em relação ao *poder legislativo* que mais intensamente se fazem sentir os efeitos da acção do Tribunal Constitucional. Como sublinhámos há pouco, é fundamentalmente no domínio das relações entre os órgãos da justiça constitucional e o poder legislativo que se coloca o problema da *tensão* entre a legitimidade (jurídico-constitucionalmente fundada) do poder de controlo da constitucionalidade das leis dos Tribunais Constitucionais e a liberdade constitutiva do legislador, também ela constitucionalmente garantida e democraticamente legitimada – tensão essa que se exprime privilegiadamente no domínio do *conteúdo* das decisões dos órgãos da justiça constitucional e, de modo particular, no âmbito da admissibilidade e dos limites das *decisões intermédias,* oportunamente analisadas [152].

---

[152] Há quem fale de um *verdadeiro conflito* entre a legitimidade da justiça constitucional e a legitimidade da maioria legiferante, a qual se manifesta sobretudo no campo da *fiscalização abstracta sucessiva,* tendo em consideração, designadamente, os poderes do Tribunal Constitucional de declaração, com força

Recapitulando o que dissemos sobre o tema das "interferências" do Tribunal Constitucional no "poder legislativo", recordar-se-á, sinteticamente, que a entidade que exerce o controlo da constitucionalidade das normas emanadas do poder legislativo pode intervir *ex ante*, funcionando como *inibidor legislativo*, prevenindo a entrada em vigor de normas inconstitucionais, através do mecanismo da *fiscalização preventiva*; pode intervir também *ex post*, funcionando como *legislador negativo*, ao declarar a inconstitucionalidade de uma norma legal vigente, pela via da *fiscalização abstracta sucessiva*; e pode, ainda, *julgar*, em última instância, a inconstitucionalidade de uma norma legal, *impedindo a sua aplicação* ao caso concreto, por meio da *fiscalização concreta* ou *incidental*.

No desempenho da missão de fiscalização da constitucionalidade das leis, nunca o Tribunal Constitucional se pode substituir ao legislador ou mesmo indicar vinculativamente o modo de corrigir a inconstitucionalidade. Uma tal proibição aplica-se inclusive aos casos em que o Tribunal Constitucional tem competência para verificar a existência de inconstitucionalidade por omissão.

A tarefa de controlo da constitucionalidade das leis, nas três modalidades assinaladas, cometida ao Tribunal Constitucional não pode deixar de implicar o reconhecimento a este órgão jurisdicional de um lugar de destaque perante o poder legislativo.

26. Também em face dos *tribunais em geral* detém o Tribunal Constitucional uma posição cimeira.

Como foi acentuado anteriormente, no nosso sistema jurídico-constitucional, todos os tribunais, seja qual for a ordem em que se integram, são órgãos da justiça constitucional, incumbindo-lhes "assegurar a defesa dos direitos e interesses legalmente protegidos"

---

obrigatória geral, da inconstitucionalidade da norma legal ou mesmo só de um segmento ideal da mesma norma – conflito esse que deve ser resolvido através de uma aplicação equilibrada do princípio da separação de poderes (na qual vai necessariamente implicada uma ideia de *auto-contenção* do juiz). Cfr. J. C. Vieira de Andrade, *Legitimidade da Justiça Constitucional e Princípio da Maioria*, in «Legitimidade e Legitimação da Justiça Constitucional», cit., p. 75-84.

e sendo-lhes vedado, nos feitos submetidos ao seu julgamento, "aplicar normas que infrinjam o disposto na Constituição ou os princípios nela consignados" (cfr. os artigos 202.°, n.° 2, e 204.° da Lei Fundamental). Eles têm acesso directo à Constituição, devendo recusar a aplicação das normas que reputem de inconstitucionais.

Das decisões proferidas pelos tribunais em geral cabe recurso para o Tribunal Constitucional, sempre que elas recusem a aplicação de uma norma jurídica, com fundamento na sua inconstitucionalidade, apliquem uma norma, não obstante a suscitação da sua inconstitucionalidade por uma das partes, "durante o processo", ou apliquem uma norma jurídica anteriormente julgada inconstitucional pela Comissão Constitucional ou pelo Tribunal Constitucional. E no caso de o Tribunal Constitucional conceder provimento ao recurso, ainda que só parcialmente, revogando, consequentemente, a decisão recorrida, quanto à questão da inconstitucionalidade, tem o tribunal *a quo* a estrita obrigação de reformar ou mandar reformar a decisão recorrida em conformidade com o julgamento em matéria de inconstitucionalidade, projectando esse julgamento sobre o sentido decisório da causa principal [153].

---

[153] Cfr. A. Monteiro Diniz, *A Fiscalização Concreta da Constitucionalidade Como Forma de Dinamização do Direito Constitucional (O Sistema Vigente e o Ir e Vir Dialéctico Entre o Tribunal Constitucional e os Outros Tribunais)*, in «Legitimidade e Legitimação da Justiça Constitucional», cit., p. 203 e 204.

As decisões de provimento dos recursos de constitucionalidade proferidas pelo Tribunal Constitucional são, assim, vinculativas para os tribunais de onde provieram os autos. O mesmo se diga para as decisões do Tribunal Constitucional que declarem, com força obrigatória geral, a inconstitucionalidade de normas jurídicas.

Mas o mesmo já não se pode afirmar quanto às outras decisões do Tribunal Constitucional, as quais não obrigam os outros tribunais, em termos de estes lhes deverem acatamento. Todavia, o normal é que essas decisões, considerando a densidade e o rigor da sua fundamentação, venham a lograr o acolhimento dos tribunais em geral, podendo afirmar-se que "as decisões do Tribunal Constitucional, mesmo quando não dotadas de força vinculativa, têm vindo a funcionar como instrumento privilegiado nas decisões dos outros tribunais, quando chamados a julgar casos paralelos ou afins". Cfr. A. Monteiro Diniz, ob., cit., p. 205 e 206.

Dado que o Tribunal Constitucional, no domínio da fiscalização concreta da constitucionalidade – a qual, por si só, representa, como dissemos, cerca de 90% da actividade daquele Tribunal –, tem a sua competência restringida à questão de inconstitucionalidade (cfr. os artigos 280.º, n.º 6, da Constituição e 71.º, n.º 1, da Lei do Tribunal Constitucional), são inevitáveis as interferências – e, por vezes, alguns conflitos – entre o âmbito da competência e da actividade jurisprudencial do Tribunal Constitucional e dos restantes tribunais. Têm sido, porém, muito raros os casos de "colisões" ou de "conflitos" entre o Tribunal Constitucional e os restantes tribunais (sobretudo os supremos tribunais das diferentes ordens de tribunais), dando estes, nos processos de fiscalização concreta da constitucionalidade de normas jurídicas, cabal cumprimento ao juízo formulado pelo Tribunal Constitucional e reformulando as suas decisões em conformidade com o mesmo [154]. Papel decisivo na relação franca e

---

[154] Adiante-se, no entanto, que o cumprimento das decisões do Tribunal Constitucional pelos outros tribunais não levanta problemas de maior no que toca às decisões de mais fácil concretização, isto é, às chamadas decisões de conteúdo *simples* ou *típico*. Outrotanto, não se poderá dizer a respeito das decisões de conteúdo *complexo* ou *atípico* (decisões *intermédias*), como sucede, nomeadamente, com as decisões interpretativas de provimento ou de rejeição da questão de constitucionalidade, nas quais o juiz *a quo* é confrontado, múltiplas vezes, com situações revestidas de alguma complexidade. Cfr., sobre este ponto, A. Monteiro Diniz, ob. cit., p. 207 e 208. Para uma análise do modo como os tribunais têm executado as decisões do Tribunal Constitucional, tendo por base um estudo de vários casos concretos, cfr. A. Rocha Marques, *O Tribunal Constitucional e os Outros Tribunais: A Execução das Decisões do Tribunal Constitucional*, in «Estudos sobre a Jurisprudência do Tribunal Constitucional», cit., p. 471-492.

Nos termos do mencionado Acórdão n.º 318/93, o Tribunal Constitucional não tem competência para "controlar" o modo como o tribunal recorrido "executou" a decisão do Tribunal Constitucional, uma vez que, implicando essa "execução" a valoração de provas e de factos, traduz ela a interpretação e aplicação do direito ordinário, sendo, por isso, *de per si*, insindicável pelo Tribunal Constitucional. Ainda segundo o mesmo aresto, o Tribunal Constitucional só poderá intervir, não como instância de supervisão da "execução" das suas decisões, mas como instância de recurso, se a segunda decisão do outro tribunal couber *autono-*

leal colaboração que vêm sendo construídas entre o Tribunal Constitucional e os restantes tribunais tem desempenhado a postura do nosso órgão superior da justiça constitucional – no cumprimento, aliás, dos preceitos constitucionais e legais – de cingir o seu julgamento à questão de constitucionalidade e de evitar que no seu juízo vá implicada qualquer censura ao tribunal *a quo* em domínios estranhos àquela matéria.

27. Tivemos oportunidade de referir, em páginas anteriores, algumas ideias muito genéricas sobre o complexo problema de saber em que termos as normas de direito comunitário (originário e derivado) estão sujeitas a fiscalização da constitucionalidade e com que amplitude é que esse controlo pode ser feito pelo Tribunal Constitucional.

Interessa-nos, agora, indicar somente duas notas sobre a problemática do "relacionamento" do Tribunal Constitucional com o Tribunal de Justiça das Comunidades. A primeira para sublinhar que o Tribunal Constitucional português pode proferir decisões em matérias que sejam igualmente objecto de apreciação pelo Tribunal de Justiça das Comunidades, tanto mais que as fontes onde este vai buscar a sua competência vigoram na ordem jurídica interna do nosso país. A segunda para realçar que, até ao momento, ainda não se verificou qualquer situação de potencial conflito entre o Tribunal Constitucional português e o Tribunal de Justiça das Comunidades (a propósito da apreciação da compatibilidade com a Constituição de normas do direito comunitário originário ou de normas do direito

---

mamente na previsão das várias alíneas do n.º 1 do artigo 70.º da Lei do Tribunal Constitucional.

Mais recentemente, vem, porém, o Tribunal Constitucional acentuando que a *violação do caso julgado* formado pelo julgamento da questão de constitucionalidade pelo Tribunal Constitucional constitui um *pressuposto autónomo* de recurso para o Tribunal Constitucional, de *conhecimento oficioso* (cfr., neste sentido, os Acórdãos do Tribunal Constitucional n.ºs 532/99 e 340/2000, publicados no DR, II Série, de 27 de Março de 2000 e de 9 de Novembro de 2000, respectivamente).

comunitário derivado e, bem assim, da apreciação da compatibilidade de normas internas com os tratados constitutivos das Comunidades Europeias ou o Tratado da União Europeia ou com normas emanadas das Instituições Europeias e que devam vigorar directamente na ordem jurídica interna portuguesa).

28. Depois de termos analisado, muito sumariamente, o *valor jurídico* da Convenção Europeia dos Direitos do Homem e dos seus Protocolos Adicionais no direito interno português e de nos termos debruçado sobre a questão de saber se aquele documento pode, ou não, ser considerado como um *padrão autónomo* de um juízo de constitucionalidade de normas legais, importa deixar registadas três ideias muito breves sobre o "relacionamento" do Tribunal Constitucional com o Tribunal Europeu dos Direitos do Homem.

A primeira para afirmar que o Tribunal Constitucional profere decisões (justamente, em matérias de direitos fundamentais) que podem ser também objecto de apreciação pelo Tribunal Europeu dos Direitos do Homem, uma vez que a fonte (a Convenção Europeia dos Direitos do Homem) em que este Tribunal alicerça a sua competência vigora na ordem jurídica interna do nosso país. A segunda para vincar que, até ao presente, o juiz constitucional português não foi posto em causa por decisões proferidas pelo Tribunal Europeu dos Direitos do Homem. E a terceira para acentuar que o Tribunal Constitucional português vem recorrendo, com alguma frequência, às decisões do Tribunal Europeu dos Direitos do Homem, encontrando nelas apoio para a sua jurisprudência, assistindo-se, por isso, cada vez mais, não a uma relação de "concorrência", mas de "convergência" e de "complementaridade" entre as jurisprudências do Tribunal Europeu dos Direitos do Homem e do Tribunal Constitucional português em matéria de protecção dos direitos fundamentais dos cidadãos.

29. A Parte II do Curso de Mestrado é preenchida, como dissemos, pela discussão e apreciação dos trabalhos de frequência elaborados pelos alunos. Os temas indicados na Parte II do *programa* da

disciplina são, como foi sublinhado anteriormente, meramente exemplificativos.

Tais trabalhos – cuja extensão não deverá, em princípio, ultrapassar as trinta páginas – devem incluir, como tivemos ensejo de acentuar, uma abordagem da principal jurisprudência do Tribunal Constitucional sobre a matéria ou matérias neles versadas. Para esse efeito, temos o cuidado de fornecer aos alunos alguns exemplos de arestos do Tribunal Constitucional (designadamente, os *"leading cases"*) sobre cada um dos assuntos, remetendo para a investigação a desenvolver por eles a tarefa de descobrir outros que se revelem igualmente importantes para os temas dos seus trabalhos [155].

---

[155] A generalidade das decisões do Tribunal Constitucional (que não sejam de natureza meramente interlocutória ou simplesmente repetitivas de outras anteriores) são publicadas, como se sabe, conforme o seu objecto, ou na I Série-A ou na II Série do *DR* (cfr. o artigo 3.º da Lei do Tribunal Constitucional). Muitas delas são também seleccionadas para publicação em diferentes volumes dos *Acórdãos do Tribunal Constitucional* (existem, neste momento, 45 volumes publicados) e em vários números do *Boletim do Ministério da Justiça*. Algumas são ainda publicadas e comentadas em Revistas Jurídicas, como a *Revista de Legislação e Jurisprudência, O Direito*, a *Revista da Ordem dos Advogados* e a *Revista do Ministério Público*.

Muito interessante e útil para a consulta da jurisprudência do Tribunal Constitucional é o *Guia da Jurisprudência do Tribunal Constitucional (1983-1999)*, Coimbra, Coimbra Editora, Vol. I, 2000, e Vol. II, 2001, da autoria de Mário Torres, A. Esteves Remédio, A. Rocha Marques, M. Menéres Pimentel e António de Araújo.

CAPÍTULO IV
Métodos de ensino da disciplina

Tem este último capítulo do *Relatório* como objectivo indicar, em termos sintéticos – de modo a impedir que o mesmo ultrapasse uma dimensão apropriada –, os *métodos de ensino* da disciplina cujo programa e conteúdos acabam de ser descritos. Temos, no entanto, a nítida sensação de que não vamos fazer mais do que, como realçou Jorge Miranda, "repetir coisas óbvias ou triviais"[156]. O certo é que, embora correndo este risco, não podemos deixar de adiantar algumas notas sobre aquela problemática.

Antes de expormos o modo como deverá, na nossa óptica, ser proporcionado o ensino da disciplina aqui em causa, importa observar que os métodos de ensino têm necessariamente de tomar em consideração os seguintes factores: a natureza e a índole específicas do Curso de Mestrado, que tornam inadequada a distinção entre aulas teóricas e aulas práticas nas disciplinas aí leccionadas; as normas do Regulamento do Curso de Mestrado (aprovado, como dissemos, pelo Senado da Universidade de Coimbra, em 13 de Julho de 1999, sob proposta do Conselho Científico da Faculdade de Direito de 24 de Maio de 1999), que estabelecem, entre o mais, a coincidência da parte escolar com o ano lectivo, o carácter obrigatório da presença nas aulas (determinando que o número de faltas em cada disciplina não pode ultrapassar, sob pena de reprovação, um quarto do número total de aulas) e a avaliação de conhecimentos na parte curricular do curso, assente numa avaliação contínua e tendo especialmente em conta os trabalhos elaborados pelos alunos; o reconheci-

---

[156] Cfr. *Relatório com o Programa, os Conteúdos e os Métodos do Ensino de Direitos Fundamentais*, in «Revista da Faculdade de Direito da Universidade de Lisboa», Vol. XXVI (1985), p. 547.

mento ao professor encarregado da regência de disciplinas do Curso de Mestrado de uma ampla margem de liberdade na organização e na condução da leccionação; e uma carga horária (não imposta pelo mencionado Regulamento, mas decorrente de uma prática que vem sendo geralmente adoptada) de duas aulas contínuas por semana, com uma duração global entre uma hora e trinta minutos e duas horas.

Tendo em conta os condicionalismos acabados de referir, vejamos, então, quais os *métodos de ensino* mais adequados das matérias que compõem o programa da disciplina de *Direito Constitucional do Curso de Mestrado* – métodos esses que, aliás, vimos adoptando, nos anos que já levamos de leccionação desta disciplina.

1. A primeira parte do período lectivo corresponde à Parte I do programa e é preenchida, como já sabemos, por uma exposição das linhas essenciais do sistema português de justiça constitucional.

Essa exposição não se limita a uma análise meramente *teórica* daquela problemática. É, antes, enriquecida com uma forte componente *prática*, traduzida num contínuo recurso à jurisprudência constitucional, de modo a proporcionar aos alunos um profícuo contacto com as *questões* (cada vez mais variadas e complexas) que vêm sendo submetidas à apreciação do Tribunal Constitucional e com a *retórica argumentativa* (em permanente evolução e aperfeiçoamento) expendida pelo nosso órgão supremo da justiça constitucional. Não se caracteriza, além disso, por um simples monólogo do professor ou pelo debitar monocórdico de aulas magistrais típico de uma licenciatura dominada pela lei da massificação [157] e que contraria uma relação pedagógica humana e moderna [158]. É completada com uma participação activa dos alunos. Pretende-se, por isso, construir uma relação pedagógica com os alunos – dotados já de uma boa preparação científica e cultural adquirida na licenciatura – que assume, por excelência, um carácter dialógico de sentido intersubjectivamente modelador [159].

---

[157] Cfr. Rui M. F. Marcos, *História do Direito, Relatório sobre o Programa, o Conteúdo e os Métodos de Ensino*, polic., Coimbra, 1999, p. 103.

[158] Cfr. Jorge Miranda, *Relatório*, cit., p. 552.

[159] Cfr. Fernando J. Bronze, *Relatório com o Programa, os Conteúdos e os*

Como observa lapidarmente A. Castanheira Neves, "o professor não é alguém que, tendo um saber acabado, apenas o transmite, e sim alguém que, pressupondo-se especialmente conhecedor (como especialista ou profissionalmente) de um certo domínio cultural, se oferece como o mediador no acesso fundado e autónomo a esse domínio por quem, não sabendo, mas querendo saber, encarna o papel de aluno. Daí que, por um lado, o professor não possa prescindir da sua concepção e da sua perspectiva de conhecimento relativamente à matéria a ensinar e a estudar. E que, por outro lado, seja necessário excluir, de todo, o dogmatismo, seja cultural, seja metodológico, seja ideológico – para o que o modelo de professor de Max Weber será um tipo limite –, posto que, de outro modo, não só se truncaria o saber ou conhecimento possível, como se impediria a autonomia formativa, pessoal e crítica do aluno" [160].

É, de acordo com esta orientação, que, depois da apresentação dos tópicos fundamentais, são reservados, no mínimo, em cada conjunto de duas aulas contínuas, trinta minutos para a intervenção dos alunos, que o professor suscita e conduz em ordem ao debate e à troca de impressões sobre as matérias expostas.

A parte do período lectivo que vimos referindo ocupa cerca de três meses (sensivelmente, de meados de Outubro a fins de Janeiro, o que, descontadas as férias do Natal, perfaz três meses efectivos de aulas), estendendo-se aproximadamente por vinte e quatro aulas, com uma duração global entre dezoito e vinte e quatro horas lectivas.

Verifica-se, assim, que o *método de ensino* mais adequado e frutífero para a leccionação da Parte I do programa é o regime de *seminário*, que, pressupondo uma preparação e uma experiência significativas por parte dos alunos, faz destes sujeitos activos do ensino – que deve ser problemático e aberto – e procura estimular a sua autonomia, a sua iniciativa cultural e a sua capacidade crítica. É este,

---

Métodos de Ensino Teórico e Prático da Disciplina de "Introdução ao Direito", polic., Coimbra, 1996, p. 69.

[160] Cfr. *Relatório com a Justificação do Sentido e Objectivo Pedagógico, o Programa, os Conteúdos e os Métodos de um Curso de "Introdução ao Estudo do Direito"*, polic., Coimbra, 1976, p. 190 e 191.

em suma, o *método* que, de modo mais apropriado, possibilita ao professor *ensinar*, mas também *aprender* (aprender ao ensinar e aprender ao dialogar com os alunos), pois, como nos deu conta Miguel de Unamuno, na sua última lição académica, *"enseñar es, ante todo y sobre todo, aprender"* [161].

2. Uma vez escolhido o tema do trabalho de frequência a elaborar por cada um dos alunos, são as aulas interrompidas, durante cerca de dois meses (em regra, durante os meses de Fevereiro e Março), período durante o qual todos os alunos devem concluir os seus trabalhos e entregar um exemplar ao professor e outro a cada um dos colegas.

A segunda parte do período lectivo corresponde também à Parte II do programa e é constituída pela discussão e apreciação dos trabalhos apresentados pelos alunos. À discussão e apreciação de cada um dos trabalhos são reservadas duas aulas (ou seja, entre uma hora e trinta minutos e duas horas), o que significa que são necessárias, em regra, cerca de doze semanas para cumprir a Parte II do programa, tendo em conta que o número médio dos alunos que têm apresentado trabalhos tem rondado os doze. Considerando a necessidade de descontar as férias da Páscoa, verifica-se que, por via de regra, as aulas da disciplina de Direito Constitucional do Curso de Mestrado não terminam antes de meados de Julho.

Na discussão dos trabalhos, temos adoptado – pensamos que com êxito – a seguinte metodologia: exposição sucinta pelo aluno dos tópicos fundamentais do seu trabalho (que deve ter uma duração máxima de trinta minutos); selecção pelo professor das principais questões, para efeitos de debate, o qual é dinamizado por aquele, procurando que todos os alunos emitam a sua opinião sobre as mesmas; resposta do autor do trabalho às intervenções dos colegas; comentário geral feito pelo professor ao trabalho, à exposição inicial e ao debate.

---

[161] Cfr. *Ultima Lección Académica*, in «Obras Completas, IX, Discursos Y Articulos», Madrid, Escelicer, 1971, p. 444.

A classificação a atribuir à parte escolar de Curso de Mestrado – que, por força do seu actual Regulamento, teve o seu início no ano lectivo de 1999-2000 – deve ser, na nossa óptica, o *resultado ponderado* dos seguintes elementos: qualidade do trabalho; capacidades demonstradas pelo aluno na apresentação oral do trabalho e nas respostas às intervenções dos colegas; quantidade e qualidade das intervenções do aluno durante a Parte I do programa e na discussão dos trabalhos dos colegas; e assiduidade às aulas.

Sintetizando o que acabou de ser referido, concluiremos que o escopo principal da leccionação da disciplina de Direito Constitucional do Curso de Mestrado é fornecer aos alunos um conhecimento aprofundado sobre o tema que escolhemos para integrar o programa da mesma, sensibilizá-los para o sentido e valor da jurisprudência constitucional e estimulá-los a desenvolver as suas capacidades de investigação, preparação e redacção de trabalhos científicos na área do direito público, em geral, e do Direito Constitucional, em particular.

Nas suas tarefas de investigação, preparação e redacção dos trabalhos de frequência e, posteriormente, das teses de Mestrado, devem os alunos encontrar o conforto da orientação permanente do professor. Nessa orientação, deve o professor incutir nos alunos a ideia de que "a investigação nunca é um ponto de chegada, é sempre um ponto de partida"[162]. Mas deve, sobretudo, despontar neles o culto da virtude da *clareza*, tanto no pensamento, como na expressão do mesmo. É esta, seguramente, uma das principais virtudes do jurista. A nossa posição só pode ser, assim, de inteira concordância com a máxima de L. Wittgenstein, segundo a qual "tudo o que pode de todo ser pensado pode ser pensado com clareza" e "tudo o que se pode exprimir pode-se exprimir com clareza"[163].

Junho de 2001

---

[162] Cfr. Jorge Miranda, *Relatório*, cit., p. 554.
[163] Cfr. *Tratado Lógico-Filosófico e Investigações Filosóficas*, 2ª ed., trad. port., Lisboa, Gulbenkian, 1995, p. 63 e 64.

BIBLIOGRAFIA

ALEXY, Robert – *Theorie der Grundrechte*, 2. Aufl., Frankfurt am Main, Suhrkamp, 1994.

ACOSTA SÁNCHEZ, José – *Formación de la Constitución y Jurisdicción Constitucional (Fundamentos de la Democracia Constitucional)*, Madrid, Tecnos, 1998.

ALMEIDA, Luís Nunes de – *Da Politização à Independência (Algumas Reflexões sobre a Composição do Tribunal Constitucional)*, in «Legitimidade e Legitimação da Justiça Constitucional (Colóquio no 10.º Aniversário do Tribunal Constitucional)», Coimbra, Coimbra Editora, 1995.

—— – *Relatório de Portugal*, in «VII Conferência dos Tribunais Constitucionais Europeus – Justiça Constitucional e Espécies, Conteúdo e Efeitos das Decisões sobre a Constitucionalidade de Normas», 3.ª Parte, Lisboa, Tribunal Constitucional, 1987.

—— – / MIRANDA, Jorge / MENDES, Armindo Ribeiro – *Révision de la Constitution et Justice Constitutionnelle*, in «Annuaire International de Justice Constitutionelle», X (1994), Paris, Economica, 1995.

ANDRADE, José Carlos Vieira de – *Os Direitos Fundamentais na Constituição Portuguesa de 1976*, Coimbra, Almedina, 1987.

—— – *Legitimidade da Justiça Constitucional e Princípio da Maioria*, in «Legitimidade e Legitimação da Justiça Constitucional (Colóquio no 10.º Aniversário do Tribunal Constitucional)», Coimbra, Coimbra Editora, 1995.

ANTUNES, Luís Miguel Pais / VILAÇA, José Luís da Cruz / PIÇARRA, Nuno – *Droit Constitutionnel et Droit Communautaire. Le Cas Portugais*, in «Rivista di Diritto Europeo», Ano XXXI (1991), N.º 2.

ARAÚJO, António de – *Relações entre o Direito Internacional e o Direito Interno – Limitação dos Efeitos do Juízo de Constitucionalidade (A Norma do Artigo 277.º, n.º 2, da CRP)*, in «Estudos de Jurisprudência do Tribunal Constitucional», Lisboa, Aequitas/Diário de Notícias, 1993.

—— – / NABAIS, José Casalta / VILALONGA, José Manuel – *Relatório de Portugal para a II Conferencia de la Justicia Constitucional de Iberoamérica, Portugal y España*, in «Anuario Iberoamericano de Justicia Constitucional», Madrid, Centro de Estudios Políticos y Constitucionales, 1998.

—— – / TORRES, Mário / REMÉDIO, Alberto Esteves / MARQUES, António Rocha / PIMENTEL, Margarida Menéres – *Guia de Jurisprudência do Tribunal Cons-*

titucional (1983-1999), Coimbra, Coimbra Editora, Vol. I, 2000, e Vol. II, 2001.

ARCIDIACONO, Luigi / CARULLO, Antonio / RIZZA, Giovanni – *Istituzioni di Diritto Pubblico*, 2.ª ed., Bologna, Monduzzi, 1997.

BARAK, Ahron – *Hermeneutics and Constitutional Interpretation*, in «Constitutionalism, Identity, Difference and Legitimacy (Theoretical Perspectives)», ed. M. Rosenfeld, Durham/London, Duke University Press, 1994.

BENDA, Ernst / KLEIN, Eckart – *Lehrbuch des Verfassungsprozessrechts*, Heidelberg, Müller, 1991.

BÖCKENFÖRDE, Ernst-Wolfgang – *Die Methoden der Verfassungsinterpretation – Bestandsaufnahme und Kritik*, in «Neue Juristische Wochenschrift», 46 (1976).

— – *Staat, Nation, Europa: Studien zur Staatslehre, Verfassungstheorie und Rechtsphilosophie*, 2. Aufl., Frankfurt am Main, Suhrkamp, 2000.

BON, Pierre – *La Legitimité du Conseil Constitutionnel Français*, in «Legitimidade e Legitimação da Justiça Constitucional (Colóquio no 10.° Aniversário do Tribunal Constitucional)», Coimbra, Coimbra Editora, 1995.

BRONZE, Fernando José Pinto – *Relatório com o Programa, os Conteúdos e os Métodos de Ensino Teórico e Prático da Disciplina de Introdução ao Direito»*, polic., Coimbra, 1996.

BRITO, José de Sousa e – *Jurisdição Constitucional e Principio Democrático*, in «Legitimidade e Legitimação da Justiça Constitucional (Colóquio no 10.° Aniversário do Tribunal Constitucional)», Coimbra, Coimbra Editora, 1995.

— – *Razão Democrática e Direito*, in «Ética e o Futuro da Democracia», Lisboa, Colibri, 1998.

BRITO, Mário de – *Competência Legislativa das Regiões Autónomas*, in «Scientia Juridica», Tomo XLIII (1994), N.os 247-249.

BRITO, Paula Maria Dias – *A Fiscalização Preventiva da Constitucionalidade de Leis e Decretos-Leis na Constituição de 1976*, Tese de Mestrado, polic., Coimbra, 1997.

CANOTILHO, José Joaquim Gomes – *Direito Constitucional e Teoria da Constituição*, 3.ª ed., Coimbra, Almedina, 1999.

— – *Para uma Teoria Pluralística da Jurisdição Constitucional no Estado Constitucional Democrático*, in «Revista do Ministério Público», Ano 9.°, N.os 33 e 34 (1988).

— – *Tópicos de um Curso de Mestrado sobre Direitos Fundamentais, Procedimento, Processo e Organização*, in «Boletim da Faculdade de Direito da Universidade de Coimbra», Vol. 66 (1990).

— – *Estado de Direito*, Lisboa, Gradiva, 1999.

— – *Anotação ao Acórdão do Tribunal Constitucional n.° 195/94*, in «Revista de Legislação e Jurisprudência», Ano 127.°, N.° 3845.

— – *Anotação ao Acórdão do Tribunal Constitucional n.° 1/97*, in «Revista de Legislação e Jurisprudência», Ano 130.°, N.os 3875 e 3876.

— – *Anotação ao Acordão do Tribunal Constitucional n.° 709/97*, in «Revista de Legislação e Jurisprudência», Ano 130.°, N.° 3882.
— – / MOREIRA, Vital – *Constituição da República Portuguesa Anotada*, 3.ª ed., Coimbra, Coimbra Editora, 1993.
— – / MOREIRA, Vital – *Fundamentos da Constituição*, Coimbra, Coimbra Editora, 1991.
CADOUX, Charles – *Droit Constitutionnel et Institutions Politiques*, 4.ª ed., Paris, Cujas, 1995.
CARULLO, Luigi / ARCIDIACONO, Luigi / RIZZA, Giovanni – *Istituzioni di Diritto Pubblico*, 2.ª ed., Bologna, Monduzzi, 1997.
CARETTI, Paolo / SIERVO, Ugo de – *Istituzioni di Diritto Pubblico*, 3.ª ed., Torino, Giappichelli, 1996.
CATSIAPIS, Jean / GUCHET, Yves – *Droit Constitutionnel*, Paris, Ellipses, 1996.
CERVATI, Angelo Antonio – *La Revisione Costituzionale*, in «Garanzie Costituzionali e Diritti Fondamentali», a cura di L. Lanfranchi, Roma, Istituto della Enciclopedia Italiana, 1997.
CORREIA, Fernando Alves – *A Justiça Constitucional em Portugal e em Espanha. Encontros e Divergências*, in «Revista de Legislação e Jurisprudência», Ano 131.°, N.os 3891, 3892 e 3893.
— – *A Fiscalização da Constitucionalidade das Normas do Ordenamento Jurídico de Macau à Luz da Recente Jurisprudência do Tribunal Constitucional*, in «Boletim da Faculdade de Direito da Universidade de Coimbra», Vol. 73 (1997).
— – *Relatório Geral*, in «I Conferência da Justiça Constitucional da Ibero-América, Portugal e Espanha (Os Órgãos de Fiscalização da Constitucionalidade: Funções, Competências, Organização e Papel no Sistema Constitucional Perante os Demais Poderes do Estado)», Lisboa, Tribunal Constitucional, 1997.
— – *Estudos de Direito do Urbanismo*, Coimbra, Almedina, 1997.
COSTA, José Manuel Cardoso da – *Algumas Reflexões em Torno da Justiça Constitucional*, in «Studia Juridica 41, Colloquia – 3, Boletim da Faculdade de Direito», Coimbra, Coimbra Editora, 1998.
— – *Protection des Droits Fondamentaux et Garantie de la Séparation des Pouvoirs dans la Juridiction Constitutionnelle Portugaise*, in «Mélanges Patrice Gélard (Droit Constitutionnel)», Paris, Montchestien, 1999.
— – *A Jurisdição Constitucional em Portugal*, 2.ª ed., Coimbra, 1992.
— – *Le Tribunal Constitutionnel Portugais et les Juridictions Européennes*, in «Protection des Droits de l'Homme: la Perspective Européenne», Mélanges à la Mémoire de Rolv Ryssdal, Köln/Berlin/Bonn/München, Carl Heymanns, 2000.
— – *O Tribunal Constitucional Português e o Tribunal de Justiça das Comunidades Europeias*, in «AB UNO AD OMNES – 75 Anos da Coimbra Editora 1920-1995», Coimbra, Coimbra Editora, 1998.

— – *Rapport Général*, in «VII Conferência dos Tribunais Constitucionais Europeus – Justiça Constitucional e Espécies, Conteúdo e Efeitos das Decisões sobre a Constitucionalidade de Normas», 1.ª Parte, Lisboa, Tribunal Constitucional, 1987.

CRUZ VILLALÓN, Pedro – *Legitimidade da Justiça Constitucional e Princípio da Maioria*, in «Legitimidade e Legitimação da Justiça Constitucional (Colóquio no 10.º Aniversário do Tribunal Constitucional)», Coimbra, Coimbra Editora, 1995.

CUOCOLO, Fausto – *Istituzioni di Diritto Pubblico*, 9.ª ed., Milano, Giuffrè, 1996.

CORWIN'S, Edward S. – *The Constitution and What It Means Today*, 14.ª ed., rev. por Harold W. Chase / Craig R. Ducat, Princeton, Princeton University Press, 1978.

D'AMICO, Marilisa – *Riflessioni sul Ruolo della Motivazione nella Corte Suprema Statunitense*, in «La Motivazione delle Decisioni della Corte Costituzionale», a cura di A. Ruggeri, Torino, Giappichelli, 1994.

DELPÉRÉE, Francis / RASSON, Anne / VERDUSSEN, Marc – *Révision de la Constitution et Justice Constitutionnelle*, in «Annuaire International de Justice Constitutionnelle», X (1994), Paris, Economica, 1995.

DINIZ, Antero Alves Monteiro – *A Fiscalização Concreta da Constitucionalidade Como Forma de Dinamização do Direito Constitucional (O Sistema Vigente e o Ir e Vir Dialéctico Entre o Tribunal Constitucional e os Outros Tribunais)*, in «Legitimidade e Legitimação da Justiça Constitucional (Colóquio no 10.º Aniversário do Tribunal Constitucional)», Coimbra, Coimbra Editora, 1995.

DOMINGOS, Inês / PIMENTEL, Margarida Menéres – *O Recurso de Constitucionalidade (Espécies e Respectivos Pressupostos)*, in «Estudos sobre a Jurisprudência do Tribunal Constitucional», Lisboa, Aequitas/Diário de Notícias, 1993.

DONCEL LUENGO, Juan Antonio – *El Recurso de Amparo ante el Tribunal Constitucional, Medio Subsidiario de Protección de los Derechos Fundamentales*, polic., Centro de Estudios Constitucionales, Madrid, 1996.

DWORKIN, Ronald – *Taking Rights Seriously*, Cambridge/Massachusetts, Harward University Press, 1977.

— – *A Matter of Principle*, Oxford, Oxford University Press, 1996.

— – *Law's Empire*, Oxford, Hart Publishing, 1998.

ESTEVES, Maria da Assunção – *Legitimação da Justiça Constitucional e Princípio Maioritário*, in «Legitimidade e Legitimação da Justiça Constitucional (Colóquio no 10.º Aniversário do Tribunal Constitucional)», Coimbra, Coimbra Editora, 1995.

FAVOREU, Louis – *La Constitutionnalisation du Droit*, in «L'Unité du Droit», Paris, Economica, 1996.

— – *Les Cours Constitutionnelles*, 3.ª ed., Paris, PUF, Que sais-je?, 1996.

— – *La Légitimité de la Justice Constitutionnelle et la Composition des Juridictions Constitutionnelles*, in «Legitimidade e Legitimação da Justiça Constitucional (Colóquio no 10.° Aniversário do Tribunal Constitucional)», Coimbra, Coimbra Editora, 1995.

FERNÁNDEZ RODRÍGUES, José Júlio – *La Inconstitucionalidad por Omisión en Portugal*, in «Revista de Direito e de Estudos Sociais», Ano XXXVII, 2.ª Série (1995), N.ᵒˢ 1, 2 e 3.

— – / *La Inconstitucionalidad por Omision (Teoria General, Derecho Comparado, El Caso Español)*, Madrid, Civitas, 1998.

FERNÁNDEZ SEGADO, Francisco – *El Sistema Constitucional Español*, Madrid, Dykinson, 1992.

GAÏA, Patrick [*et al.*] – *Droit Constitutionnel*, 2.ª ed., coord. L. Favoreu, Paris, Dalloz, 1999.

GOUVEIA, Jorge Bacelar de – *A Declaração Universal dos Direitos do Homem e a Constituição Portuguesa*, in «Estudos de Direito Público», Vol. I, Lisboa, Principia, 2000.

GUCHET, Yves / CATSIAPIS, Jean – *Droit Constitutionnel*, Paris, Ellipses, 1996.

HESSE, Konrad – *Grundzüge des Verfassungsrechts der Bundesrepublik Deutschland*, 16. Aufl., Heidelberg, Müller, 1988.

— – *Bedeutung der Grundrechte*, in BENDA / MAIHOFER / VOGEL / HESSE / HEYDE, *Handbuch des Verfassungsrechts der Bundesrepublik Deutschland*, 2. Aufl., Berlin/New Iork, W. de Gruyter, 1994.

— – *Verfassung und Verfassungsrecht*, in BENDA / MAIHOFER / VOGEL / HESSE / HEYDE, *Handbuch des Verfassungsrechts der Bundesrepublik Deutschland*, 2. Aufl., Berlin/New Iork, W. de Gruyter, 1994.

LA JUSTICE CONSTITUTIONNELLE EN EUROPE CENTRALE, direc. M. Verdussen, Bruxelles/Paris, Bruylant/L.G.D.J., 1997.

LINARES QUINTANA, Segundo V. – *Tratado de Interpretación Constitucional*, Buenos Aires, Abeledo-Perrot, 1998.

LOEWENSTEIN, Karl – *Teoría de la Constitución*, 2.ª ed., trad. esp., Barcelona, Ariel, 1976.

LUCAS VERDÚ, Pablo – *Politica y Justicia Constitucionales. Consideraciones sobre la Naturaleza y Funciones del Tribunal Constitucional*, in «El Tribunal Constitucional», Vol. II, Madrid, Instituto de Estudios Fiscales, 1981.

LUCIANI, Massimo – *Giurisdizione e Legittimazione nello Stato Costituzionale di Diritto (Ovvero: Di Un Aspetto Spesso Dimenticato del Rapporto fra Giurisdizione e Democrazia)*, in «Politica del Diritto», Ano XXIX, N.° 3 (1998).

LUTHER, Jörg – *La Motivazione delle Sentenze Costituzionali in Germania*, in «La Motivazione delle Decisioni della Corte Costituzionale», a cura di A. Ruggeri, Torino, Giapichelli, 1994.

KELSEN, Hans – *Teoría Pura do Direito*, trad. J. Baptista Machado, 2.ª ed., Vol. II, Coimbra, Arménio Amado, 1962.

KLEIN, Eckart / BENDA, Ernst – *Lehrbuch des Verfassungsprozessrechts*, Heidelberg, Müller, 1991.

MANNO, Thierry di – *Le Juge Constitutionnel et la Tehnique des Décisions «Interprétatives» en France et en Italie*, Paris, Economica, 1997.

MARCOS, Rui Manuel de Figueiredo – *História do Direito, Relatório sobre o Programa, o Conteúdo e os Métodos de Ensino*, polic., Coimbra, 1999.

MARQUES, António Rocha – *O Tribunal Constitucional e os Outros Tribunais: A Execução das Decisões do Tribunal Constitucional*, in «Estudos sobre a Jurisprudência do Tribunal Constitucional», Lisboa, Aequitas/Diário de Notícias, 1993.

— – / TORRES, Mário / REMÉDIO, Alberto Esteves / PIMENTEL, Margarida Menéres / ARAÚJO, António de – *Guia de Jurisprudência do Tribunal Constitucional (1983-1999)*, Coimbra, Coimbra Editora, Vol. I, 2000, e Vol. II, 2001.

MARTINES, Temistocle – *Diritto Costituzionale*, 9.ª ed., Milano, Giuffrè, 1997.

MARTINS, Licínio Lopes – *O Conceito de Norma na Jurisprudência do Tribunal Constitucional*, in «Boletim da Faculdade de Direito da Universidade de Coimbra», Vol. 75 (1999).

MEDEIROS, Rui – *A Decisão de Inconstitucionalidade (Os Autores, o Conteúdo e os Efeitos da Decisão de Inconstitucionalidade da Lei)*, Lisboa, Universidade Católica, 1999.

MENDES, Armindo Ribeiro – *Relatório de Portugal*, in «I Conferência da Justiça Constitucional da Ibero-América, Portugal e Espanha (Os Órgãos de Fiscalização da Constitucionalidade: Funções, Competências, Organização e Papel no Sistema Constitucional Perante os Demais Poderes do Estado)», Lisboa, Tribunal Constitucional, 1997.

— – / MIRANDA, Jorge / ALMEIDA, Luís Nunes de – *Révision de la Constitution et Justice Constitutionnelle*, in «Annuaire International de Justice Constitutionelle», X (1994), Paris, Economica, 1995.

MIRANDA, Jorge – *Manual de Direito Constitucional*, Tomo II, 3.ª ed., Coimbra, Coimbra Editora, 1991; Tomo II, 4.ª ed., 2000; Tomo IV, 3.ª ed., 2000; e Tomo V, 2.ª ed., 2000.

— – *O Constitucionalismo Liberal Luso-Brasileiro*, Lisboa, Comissão Nacional para as Comemorações dos Descobrimentos Portugueses, 2001.

— – *Ideias para uma Revisão Constitucional em 1996*, Lisboa, Cosmos, 1996.

— – *Nos Dez Anos de Funcionamento do Tribunal Constitucional*, in «Legitimidade e Legitimação da Justiça Constitucional (Colóquio no 10.° Aniversário do Tribunal Constitucional)», Coimbra, Coimbra Editora, 1995.

— – *A Abertura Constitucional a Novos Direitos Fundamentais*, in «Estudos em Homenagem ao Prof. Doutor Manuel Gomes da Silva», Coimbra, Coimbra Editora, 2001.

— – *A Intervenção do Presidente da República e do Tribunal Constitucional*, in «A Feitura das Leis», Vol. II, Lisboa, INA, 1986.

— – *A Actividade do Tribunal Constitucional em 1993*, in «O Direito», Ano 127.º (1995), I-II (Janeiro-Junho).
— – *Actos e Funções do Presidente da República*, in «Estudos sobre a Constituição», Vol. I, Lisboa, Petrony, 1977.
— – *Anotação ao Acórdão do Tribunal Constitucional n.º 183/89*, in «O Direito», Ano 121.º (1989), II (Abril-Junho).
— – *Relatório com o Programa, os Conteúdos e os Métodos do Ensino de Direitos Fundamentais*, in «Revista da Faculdade de Direito da Universidade de Lisboa», Vol. XXVI (1985).
— – *Revisão Constitucional*, in «Dicionário Jurídico da Administração Pública», 2.º Suplemento, Lisboa, 2001.
— – / ALMEIDA, Luís Nunes de / MENDES, Armindo Ribeiro – *Révision de la Constitution et Justice Constitutionnelle*, in «Annuaire International de Justice Constitutionnelle», X (1994), Paris, Economica, 1995.
MOREIRA, Vital – *Constituição e Direito Administrativo (A «Constituição Administrativa Portuguesa»)*, in «AB UNO AD OMNES – 75 Anos da Coimbra Editora 1920-1995», Coimbra, Coimbra Editora, 1998.
— – *Princípio da Maioria e Princípio da Constitucionalidade: Legitimidade e Limites da Justiça Constitucional*, in «Legitimidade e Legitimação da Justiça Constitucional (Colóquio no 10.º Aniversário do Tribunal Constitucional)», Coimbra, Coimbra Editora, 1995.
— – / CANOTILHO, José Joaquim Gomes – *Constituição da República Portuguesa Anotada*, 3.ª ed., Coimbra, Coimbra Editora, 1993.
— – / CANOTILHO, José Joaquim Gomes – *Fundamentos da Constituição*, Coimbra, Coimbra Editora, 1991.
NABAIS, José Casalta / ARAÚJO, António de / VILALONGA, José Manuel – *Relatório de Portugal para a II Conferencia de la Justicia Constitucional de Iberoamérica, Portugal y España*, in «Anuario Iberoamericano de Justicia Constitucional», Madrid, Centro de Estudios Políticos y Constitucionales, 1998.
NEVES, António Castanheira – *Entre o «Legislador», a «Sociedade» e o «Juiz» ou entre «Sistema», «Função» e «Problema» – Os Modelos Actualmente Alternativos da Realização Jurisdicional do Direito*, in «Boletim da Faculdade de Direito da Universidade de Coimbra», Vol. 74 (1998).
— – *Teoria do Direito*, Lições Proferidas no Ano Lectivo de 1998/1999, Coimbra, 1998.
— – *Relatório com a Justificação do Sentido e Objectivo Pedagógico, o Programa, os Conteúdos e os Métodos de um Curso de «Introdução ao Estudo do Direito»*, polic., Coimbra, 1976.
OTERO, Paulo – *Declaração Universal dos Direitos do Homem e Constituição: A Inconstitucionalidade de Normas Constitucionais?*, in «O Direito», 1990, III-IV, Julho-Dezembro.
PALADIN, Livio – *Diritto Costituzionale*, 3.ª ed., Padova, Cedam, 1998.

PASTOR, Wanda – *Essai sur le Motivation des Décisions de Justice (Pour une Lecture Simplifiée des Décisions des Cours Constitutionnelles)*, in «Annuaire International de Justice Constitutionnelle», XV (1999), Paris, Economica, 2000.

PEREIRA, André Gonçalves / QUADROS, Fausto de – *Manual de Direito Internacional Público*, 3.ª ed., Coimbra, Almedina, 1993.

PÉREZ ROYO, Javier – *Curso de Derecho Constitucional*, 5.ª ed., Madrid/Barcelona, Pons, 1998.

PERNTHALER, Peter – *Allgemeine Staastslehre und Verfassungslehre*, 2. Aufl., Wien/New York, Springer, 1996.

PIÇARRA, Nuno / VILAÇA, José Luís da Cruz / ANTUNES, Luís Miguel Pais – *Droit Constitutionnel et Droit Communautaire. Le Cas Portugais*, in «Rivista di Diritto Europeo», Ano XXXI (1991), N.º 2.

PIMENTEL, Margarida Menéres / TORRES, Mário / REMÉDIO, Alberto Esteves / / MARQUES, António Rocha / ARAÚJO, António de – *Guia de Jurisprudência do Tribunal Constitucional (1983-1999)*, Coimbra, Coimbra Editora, Vol. I, 2000, e Vol. II, 2001.

— – / DOMINGOS, Inês – *O Recurso de Constitucionalidade (Espécies e Respectivos Pressupostos)*, in «Estudos sobre a Jurisprudência do Tribunal Constitucional», Lisboa, Aequitas/Diário de Notícias, 1993.

PIRES, Francisco Lucas – *Legitimidade da Justiça Constitucional e Princípio da Maioria*, in «Legitimidade e Legitimação da Justiça Constitucional (Colóquio no 10.º Aniversário do Tribunal Constitucional)», Coimbra, Coimbra Editora, 1995.

PIZZORUSSO, Alessandro – *Mannuale di Istituzioni di Diritto Pubblico*, Napoli, Jovene, 1997.

QUADROS, Fausto de – *Direito Comumitário I, Programa, Conteúdos e Métodos do Ensino*, Coimbra, Almedina, 2000.

— – *Direito das Comunidades Europeias e Direito Internacional Público (Contributo para o Estudo da Natureza Jurídica do Direito Comunitário Europeu)*, Coimbra, Almedina, 1991

— – / PEREIRA, André Gonçalves – *Manual de Direito Internacional Público*, 3.ª ed., Coimbra, Almedina, 1993.

QUEIRÓ, Afonso Rodrigues – *Lições de Direito Administrativo*, Vol. I, Coimbra, 1976.

QUEIROZ, Cristina – *Interpretação Constitucional e Poder Judicial – Sobre a Epistemologia da Construção Constitucional*, Coimbra, Coimbra Editora, 2000.

RAMOS, Rui Moura – *A Convenção Europeia dos Direitos do Homem (Sua Posição Face ao Ordenamento Jurídico Português)*, in «Da Comunidade Internacional e do Seu Direito (Estudos de Direito Internacional Público e Relações Internacionais)», Coimbra, Coimbra Editora, 1996.

RASSON, Anne / DELPÉRÉE, Francis / VERDUSSEN, Marc – *Révision de la Constitu-*

tion et Justice Constitutionnelle, in «Annuaire International de Justice Constitutionnelle», X (1994), Paris, Economica, 1995.

RAWLS, John – *Uma Teoria da Justiça*, trad. port., Lisboa, Presença, 1993.

— – *Liberalismo Político*, trad. port., Lisboa, Presença, 1997.

REGO, Carlos Lopes do – *A Uniformização da Jurisprudência no Novo Direito Processual Civil*, Lisboa, Lex, 1997.

RELATÓRIO DO TRIBUNAL CONSTITUCIONAL DE ESPANHA PARA A I CONFERÊNCIA DA JUSTIÇA CONSTITUCIONAL DA IBERO-AMÉRICA, PORTUGAL E ESPANHA, in «I Conferência da Justiça Constitucional da Ibero-América, Portugal e Espanha (Os Órgãos de Fiscalização da Constitucionalidade: Funções, Competências, Organização e Papel no Sistema Constitucional Perante os Demais Poderes do Estado)», Lisboa, Tribunal Constitucional, 1997.

REMÉDIO, Alberto Esteves / TORRES, Mário / MARQUES, António Rocha / PIMENTEL, Margarida Menéres / ARAÚJO, António de – *Guia de Jurisprudência do Tribunal Constitucional (1983-1999)*, Coimbra, Coimbra Editora, Vol. I, 2000, e Vol. II, 2001.

RIZZA, Giovanni / ARCIDIACONO, Luigi / CARULLO, Antonio – *Istituzioni di Diritto Pubblico*, 2.ª ed., Bologna, Monduzzi, 1997.

ROUSSEAU, Dominique – *Droit du Contentieux Constitutionnel*, 5.ª ed., Paris, 1999.

— – *La Justice Constitutionnelle en Europe*, 2.ª ed., Paris, Montchestien, 1992.

RUBIO LLORENTE, Francisco – *La Forma del Poder (Estudios sobre la Constitución)*, Madrid, Centro de Estudios Constitucionales, 1993.

SIMON, Helmut – *Verfassungsgerichtsbarkeit*, in BENDA / MAIHOFER / VOGEL / / HESSE / HEYDE, *Handbuch des Verfassungsrechts der Bundesrepublik Deutschland*, 2. Aufl., Berlin/New York, W. de Gruyter, 1994.

SCHILD, Wolfgang – *Das Problem eines Hüters der Verfassung, Philosophische Anmerkungen zur einem juristischen Topos*, in «Hüter der Verfassung oder Lenker der Politik? – Das Bundesverfassungsgericht im Widerstreit», herausg. B. Guggenberger / T. Würtenberger, Baden-Baden, Nomos, 1998.

SCHMITT, Carl – *Teoría de la Constitución*, trad. esp., Madrid, Alianza, 1983.

SIERVO, Ugo de / CARETTI, Paolo – *Istituzioni di Diritto Pubblico*, 3.ª ed., Torino, Giappicheli, 1996.

SILVA, José Afonso da – *Curso de Direito Constitucional Positivo*, 9.ª ed., São Paulo, Malheiros, 1992.

SOUSA, Marcelo Rebelo de – *Legitimação da Justiça Constitucional e Composição dos Tribunais Constitucionais*, in «Legitimidade e Legitimação da Justiça Constitucional (Colóquio no 10.º Aniversário do Tribunal Constitucional)», Coimbra, Coimbra Editora, 1995.

— – *Orgânica Judicial, Responsabilidade dos Juízes e Tribunal Constitucional*, Lisboa, Associação Académica da Faculdade de Direito de Lisboa, 1992.

— – *O Sistema de Governo Português antes e depois da Revisão Constitucional*, 3.ª ed., Lisboa, Cognitio, 1984.

STARCK, Christian – *La Légitimité de la Justice Constitutionnelle et le Principe Démocratique de Majorité*, in «Legitimidade e Legitimação da Justiça Constitucional (Colóquio no 10.° Aniversário do Tribunal Constitucional)», Coimbra, Coimbra Editora, 1995.

TARUFFO, Michele – *Note sulla Garanzia Costituzionale della Motivazione*, in «Boletim da Faculdade de Direito da Universidade de Coimbra», Vol. 55 (1979).

TERESI, Francesco – *Lezioni sulle Garanzie Costituzionali*, Padova, Cedam, 1999.

TOURET, Denis – *Droit Public Constitutionnel*, Paris, Litec, 1998.

TORRES, Mário / REMÉDIO, Alberto Esteves / MARQUES, António Rocha / PIMENTEL, Margarida Menéres / ARAÚJO, António de – *Guia de Jurisprudência do Tribunal Constitucional (1983-1999)*, Coimbra, Coimbra Editora, Vol. I, 2000, e Vol. II, 2001.

TORRES DEL MORAL, Antonio – *Principios de Derecho Constitucional Español*, Vol. II, 3.ª ed., Madrid, Servicio de Publicaciones de la Facultad de Derecho, 1992.

UNAMUNO, Miguel de – *Última Lección Académica*, in «Obras Completas, IX, Discursos y Articulos», Madrid, Escelicer, 1971.

VERDUSSEN, Marc / DELPÉRÉE, Francis / RASSON, Anne – *Révision de la Constitution et Justice Constitutionnelle*, in «Annuaire International de Justice Constitutionnelle», X (1994), Paris, Economica, 1995.

VIGNUDELLI, Aljs – *Diritto Costituzionale*, Torino, Giappichelli, 1997.

VILAÇA, José Luís da Cruz / ANTUNES, Luís Miguel Pais / PIÇARRA, Nuno – *Droit Constitutionnel et Droit Communautaire. Le Cas Portugais*, in «Rivista di Diritto Europeo», Ano XXXI (1991), N.° 2.

VILALONGA, José Manuel / ARAÚJO, António de / NABAIS, José Casalta – *Relatório de Portugal para a II Conferencia de la Justicia Constitucional de Iberoamérica, Portugal y España*, in «Anuario Iberoamericano de Justicia Constitucional», Madrid, Centro de Estudios Políticos y Constitucionales, 1998.

VITORINO, António – *Rapport de la Délégation Portugaise à la IXe Conférence des Cours Constitutionnelles Européennes*, in «Protection Constitutionnelle et Protection Internationale des Droits de l'Homme: Concurrence ou Complementarité?», Vol. I, Paris, 1993.

WITTGENSTEIN, Ludwig – *Tratado Lógico-Filosófico e Investigações Filosóficas*, 2.ª ed., trad. port., Lisboa, Gulbenkian, 1995.

ZAGREBELSKY, Gustavo – *La Giurisdizione Costituzionale*, in «Manuale di Diritto Pubblico», Vol. II, a cura di G. Amato / A. Barbera, 5.ª ed., Bologna, Il Mulino, 1997.

— – *La Giustizia Costituzionale*, Bologna, Il Mulino, 1977.

ZEIDLER, Wolfgang – *Relatório do Tribunal Constitucional Alemão*, in «VII Conferência dos Tribunais Constitucionais Europeus – Justiça Constitucional e Espécies, Conteúdo e Efeitos das Decisões sobre a Constitucionalidade de Normas», 2.ª Parte, Lisboa, Tribunal Constitucional, 1987.

ÍNDICE

Nota Prévia 5

CAPÍTULO I
Introdução 7

CAPÍTULO II
Programa da disciplina 31

PARTE I
Linhas gerais do sistema português de justiça constitucional 31

PARTE II
Temas para os trabalhos dos alunos. Alguns exemplos 33

CAPÍTULO III
Conteúdos da disciplina 37

CAPÍTULO IV
Métodos de ensino da disciplina 139

Bibliografia 145

Índice 155